아름다운 대한민국의 건설:

진보 · 개혁 정당을 위한 제언과 그들에 대한 이해

박병일 지음

서울경제경영

차례

Contents

프롤로그

지하철을 타고 다니는 동안 사회과학과 관련된 이런 저런 책을 읽으면서 느낀 점은 책이 너무 어렵고 딱딱해서 몇 페이지 읽자마자 이내 지루어져 이를 덮게 만들거나 혹은 너무 평이해서 책을 읽고 있는 것인지 혹은 한 편의 동화(?)를 읽고 있는 것인지 구분하기 어려운 내용을 담고 있는 책들뿐이라는 점이었다. 또한 문제점만 지적했을 뿐이지 그 실질적인 대안을 제시하고 있는 책을 만나보기도 쉽지 않았던 듯하다. 이러한 문제인식에서 출발하여 아름다운 대한민국의 건설을 위해 개혁 성향의 정당들에게 실질적인 공헌을 할 수 있거나 혹은 발전적 진보성향을 갖고 있는 국민들과 소통할 수 있는 책을 한 권 적어보는 것이 소중한 꿈이었다.

가급적 빨리 집필을 시작하고 싶었으나, 강의준비, 논문작성, 혹은 행정업무 등 여러 가지 핑계로 차일피일 미루다가 이제야 컴퓨터 앞에 앉게 되었다. 지금부터 소위 진보성향을 갖고 있다고 자부하고 늘 관심 있게 사회를 바라보던 내가 느낀 점들을 이 책을 통해 가감 없이 진솔하게 털어 놓고자 한다. 이미 얘기한 바와 같이, 진보 · 개혁 성향을 갖고 있는 정당들이, 혹은 더 넓게는 진보성향의 국민들이 상호 건설적인 토론을 함에 있어 이 책이 조금이나마 기여를 할 수 있다면 더할 나위 없이 행복하겠지만, 이 글을 읽는 분들이 '이게 무슨 개혁적이고 진보적인 내용이지?' 라는 말씀을 하실까봐 사실 두렵고 걱정이 앞서는 것이 솔직한 심정이다.

그러한 두려움과 걱정에도 불구하고, 나와 같이 아름다운 대한민국 건설을 꿈꾸는 사람들이 진정 사람 사는 세상, 공정한 국가, 평등한 사회를 만들기 위해 조금 더 적극적으로 의견을 개진하고 아이디어를 표출할 때, 이것 또한 궁극적으로는 대한민국의 장래에 밑거름이 될 수 있을 것으로 여겨진다. 내가 드리는 이 제언들이 진보 · 개혁정당으로 하여금 바람직한 정책을 취함에 있어서 하나의 밀알이 될 수 있다면 더 할 나위 없이 기쁠 것이라고 생각됨에도, 혹시 부족한 점이 있다면 지적해주시고, 또 다른 분들이 보다 더 합리적이고 발전적인 대안을 제시해 주리라 믿어 의심치 않는다.

아기의 울음소리가 사라지고 있는 대한민국

요즘 대한민국 사회는 출산율이 극단적으로 낮아져서 향후 수백 년 후에는 대한민국이라는 국가자체가 지도에서 사라질지도 모른다는 믿기 힘든 우려의 소리를 자주 접하게 된다. 이러한 위기의식으로 인해 정부는 출산율 저하를 막기 위해 보육비 보조, 다출산자에 대한 세금감면과 주택청약에 있어서의 혜택 등 여러 가지 정책들을 내 놓고 있다. 하지만 여러분 같으면 아이들의 보육비 몇 십만 원을 정부에서 제공해 준다고 그 이유로 아이를 더 낳겠는가? 주택청약에 있어서 유리해진다고 그 이유로 또 다른 아이를 출산하겠는가? 그러실 분은 아무도 없을 것이라고 백 퍼센트 확신하며, 내가 보기에는 모두 부질없는 정책일 뿐이다.

그것보다는, 저출산율을 해결하기 위해서는 저출산율의 근본적인 이유가 무엇인지를 곰곰이 생각해볼 필요가 있다. 왜 일까? 왜 대한민국의 젊은 세대들은 출산을 주저하는 것일까? 그 해답은 대한민국의 지나친 경쟁에 있다. 혹시 너무 과한 비유일지 모르겠으나, 다음과 같은 예를 들어보고자 한다.

앞서 얘기했듯 적정한 비유일지는 모르겠으나, 싫든 좋든 사람도 어쩔 수 없는 동물임을 부인할 수 없다. 동물이되 먹이사슬의 맨 꼭대기에 위치한 동물이 바로 사람이다. 동물들은 어떠한가? 주변에 먹이가 풍부하고 생활 환경이나 여건이 생존에 유리하면 번식률은 기하급수적으로 늘어난다. 그 반대로, 환경이 열악해서 그 새끼들의 생존은 고사하고 본인들의 생존을 장담하기 어려울 때 번식률은 떨어질 수밖에 없다. 똑같은 논리를 사람에게 적용시켜 볼 수 있을 것이다. 지금의 대한민국은 과도한 경쟁으로 도저히 출산을 할 수 없는 환경을 이미 만들어 놓았다. 옛날 우리의 조상들은 아이들을 낳으면서 우스갯소리로 "일단 낳아놓으면 모두 제 밥그릇은 따로 있다"는 말씀들을 하시곤 했다. 하지만 지금은 어떠한가? 지금 우리가 살고 있는 사회는 태어났다고 해서 어딘가에는 자기 밥그릇이 있을 것이라고 장담할 수 없으며, 치열한 경쟁을 통해 생존에 필요한 밥그릇을 챙겨야만 하는 세상이다. 따라서 낳아놓고 자식들이 향후 제 밥그릇을 챙길 수 있도록(즉, 다른 아이들과의 경쟁에서 뒤처지지 않고 승리할 수 있도록) 부모는 아이들을 끊임없이 보살펴야만 하는 세상에 우리는 살고 있다. 아이들이 많으면 그 많은 아이들을 모두 충분히 보살펴 줄 수 없기에 젊은 세대는 출산을 주저하며 고민하고 있다. 어디 아이들뿐이랴? 아이들은 고사하고 본인들의 생존을 위해서는 다른 사람들과의 피튀기는 경쟁을 피할 수 없는 그러한 나라에 우리는 살고 있다.

그렇다면, 해결책은 자명하다. 경쟁을 줄여주면 될 것이다. 이 글을 읽고 혹자들은 "이보쇼! 치열한 경쟁이 바로 대한민국의 유일한 자원이외다. 우리가 무슨 천연자원이 있소? 이 땅에 석유 한 방울 납디까? 그 경쟁이 있기에 아등바등 교육을 시키고 그로 인해 대한민국에는 풍부한 인적자본이 존재하며, 그나마 그 인적자본이 있어 그것이 바로 국가의 경쟁력이외다!" 라고 말씀하시는 분들이 있을 수 있다. 맞는 말이다. 또 혹자들은 "이것 봐요! 어디 경쟁 없는 나라가 있습니까? 경쟁 없이 살 수 있는 나라가 있으면 나도 좀 알려주시오. 나도 가서 살게!" 라고 말씀하시는 분도 계실지 모르겠다. 이 또한 맞는 말이다. 하지만, 문제는 대한민국의 경쟁은 지나칠 정도로 과도하다는데 있다. 더워서 땀을 뻘뻘 흘리며 물을 먹는 상황을 상상해 보자. 처음 한 모금은 정말 꿀물과 같을 것이다. 두 모금째 먹는 물도 시원하게 느껴지리라. 세 번째 먹는 물은 먹어도 그만 안 먹어도 그만인 물이었을 것이며, 네 번째 먹는 물부터는 고역이 될 수 있다. 이 상황에서 계속 물을 먹게 되면 이젠 물이 갈증을 해소하는 역할을 하는 것이 아니고, 고문이 될 수도 있다. 경쟁도 마찬가지이다. 일정 수준의 경쟁이 존재하는 상황은 국가와 사회를 건강하게 할 수 있으나, 과도한 경쟁은 나라를 병들게 하고 아프게 할 수도 있다.

뜬금없고 생뚱맞게 들릴지 모르겠으나, 대한민국의 음식 얘기를 좀 꺼내봐야 겠다. 우리나라만큼 음식문화가 발달된 나라도 이 세상에 드물 것이다. 아니 사실 한국인들은 먹고 소화시킬 수 있는 재료는 모두 음식거리가 된다고 봐야 더 정확한 표현일 것이다. 내가 영국에서 박사과정을 공부 할 때 한 번은 영국인 한 명과 스코틀랜드 산악지대로 여행을 간일이 있었다. 그 때 아무도 먹지 않아 거의 나무 수준이 되다시피한 고사리를 보고 그 영국인에게 우리는 고사리를 먹는다고 하니까 '왜 저런걸 먹니?' 라는 눈초리로 의아하다는 듯 쳐다봤던 그 영국인의 눈을 잊을 수 없다. 어디 그 뿐이랴. 우리 조상들은 소금을 뿌려 오랜 시간을 두고 먹을 수 있는 장아찌 종류나 발효시켜 먹는 각종 김치는 왜 만들었을까? 이 모든 이유는 우리가 역사적으로 늘 가난하고 먹을게 없었기 때문이다. 가난했기 때문에, 우리 조상의 눈엔 소화시킬 수 있는 것들은 모두 음식의 재료로 보였을 것이며, 또 만들어 놓고 오래도록 쉬어도(상해도) 조금씩 먹을 수 있는 음식들을 고안했으리라. 그렇듯 가난하게 살면서, 그 가난이 몸서리치도록 지겨워서, 나는 정작 이렇게 살더라도 자식들만큼은 나와 달리 성공하길 바랐을 것이다.

오늘날만 봐도, 아이들의 교육에 가장 많은 관심을 갖고 있는 국민은 바로 대한민국의 중산층이다. 상류층은 이미 내가 갖고 있는 재산을 아이들에게 물려만 주어도 내 아이들이 아무 부족함 없이 이 사회에서 살 수 있기에 상대적으로 중산층보다 교육열이 높지 않다. 교육열이 높지 않다기 보다는, 치열하게 고민하지 않는다는 표현이 더 적절할지 모르겠다(이 얼마나 건강하지 못한 사회인가? 부와 사회적 지위는 가급적 세습되어져서는 안된다. 우리는 늘 노력하고 성실한 사람이 충분히 보상받는 사회를 만들어야 할 것이다. 이 내용에 대해서는 이 책의 다른 페이지에서 논의할 일이 있을 것으로 본다). 반면, 중산층은 나는 비록 상류층에 속하지 못하지만, 우리 아이만큼은 어떻게 해서든 더 가르쳐서 내가 이루지 못한 꿈을 이뤄주길 기대하기에 그 만큼 절박한 심정으로 교육에 매달린다.

대학 서열화의 폐지

이 사회의 경쟁을 줄일 수 있는 방법은 무엇일까? 바로 교육문제부터 해결을 해야 한다. 특히 대학의 서열화를 부셔버리지 않고는 대한민국 사회에 만연한 경쟁을 줄일 수 없다. 이 점에서 우선 국립대학교의 서열부터 무너뜨리는 것을 강력히 추천하고 싶다. 주지하다시피, 대한민국의 최고 명문대학은 서울대학교라는 국립대학이다. 따라서 대한민국에서 내로라하는 다수의 우수한 학자들은 서울대학교에 적을 두고 있고, 이로 인해 수능에서 고득점을 받는 학생들은 가장 먼저 서울대학교 진학을 인생의 목표로 설정한다. 그럼 어떻게 하면 국립대학들간 서열화를 종식시킬 수 있을까? 생각해볼 수 있는 현실적인 방안으로는, 국립대학들간 재직하는 교수들을 순환근무 시키는 방법이 있을 수 있다. 우수한 교원이 서울대에 있어 이것이 우수한 학생을 유인하는 주요 요인이 되기에, 국립대학에 재직하고 있는 교수들간 교류와(이를테면, 서울대에서 제주대로, 제주대에서 경북대로 순환되는 식의) 순환근무의 활성화만 이루어져도 국립대학들의 서열화를 어느 정도 막을 수 있을 것으로 판단된다.

대학 서열화의 파괴가 비단 국립대학에 국한되어져서는 곤란하다. (반드시 그러한 것은 아니지만 대개) 우리나라는 서울에 소재하고 있는 사립대학 밑에 수도권소재 대학, 그 밑에 지방 사립대학이라는 사립대학들간 완연한 서열화가 존재하고 있다. 즉, 단순히 '대학이 어디에 위치하고 있느냐' 라는 한 가지 이유에 의해 사립대학의 서열이 고착되어져 있다. 이래서는 건강한 경쟁이 저해될 뿐만 아니라 지방대학의 존립을 위태롭게 할 수 있다(필자는 지방대학이 건전하게 육성되어져야 지방의 발전을 기대할 수 있다고 믿는다). 수직적으로 확연히 고착되어져 있는 대학간 서열화가 진정 폐지되기를 원한다면, 서울과 수도권에 소재하고 있는 대학들을 지방으로 분산 이전토록 함으로써 대학이 지방간 균형 있는 발전을 도모하는 초석 역할을 수행하는 동시에 그 지방을 대표하는 이정표가 되어야 한다. 예를 들어, 영국에는 주요 도시마다 대표적인 대학이 존재한다(필자는 영국에서 석사와 박사과정을 공부함에 따라 바람직한 상황이라고 사료되는 사안에 한해서 영국과 대한민국을 비교하여 이해를 돕고자 한다). 이를 테면, 맨체스터의 가장 좋은 대학은 맨체스터 대학교이며, 버밍햄을 대표하는 가장 우수한 대학은 버밍햄 대학교인 식이다. 특히, 영국은 런던을 제외하고 전 국토가 비교적 이상적이고 균형 있게 발전되어져 있으며, 이에 대학이 큰 역할을 했음을 부인할 수 없다.

이러한 필자의 의견에 보수적인 성향을 가지고 있는 분들은 말도 안 되는 소리라고 역정을 낼지도 모르겠다. 대한민국에 존재하는 모든 우수한 대학을 없애고, 하향평준화 시키는 게 대한민국의 장래에 도움이 되지 않는다고 믿기 때문이리라. 또한 앞서 언급한 영국의 예에서도 옥스퍼드 대학과 케임브리지 대학이라는 세계적인 대학이 있음을 지적하는 분들이 있을 수 있다. 하지만 옥스퍼드 대학과 케임브리지 대학은 대한민국과 달리 런던에 소재한 대학이 아니다. 옥스퍼드 대학은 옥스퍼드라는 도시에, 케임브리지 대학은 케임브리지라는 지방도시에 위치한 대학들일 뿐이다. 또한 내 의견은 대한민국에 있는 모든 대학들을 하향평준화 시키자는 게 아니며, 특정 지역마다 대표성을 갖는 우수한 대학들을 계획적으로 대폭 육성하자는 목소리를 내고자 함이다. 즉, 예를 들어 서울에는 서울을 대표할 수 있는 소수 몇몇 대학만을 존재시키고, 반면 부산에는 부산을 상징하는 대학을, 행정도시인 세종시에는 세종시를 대표하는 대학을 만들어보면 어떨까? (이 경우, 서울에 소재하는 행운을 얻는 대학들이 영국의 옥스포드나 케임브리지 대학과 같이 나름 명문대의 역할을 수행할 수 있을 것으로 보여진다) 또한 각 대학들이 자신들의 강점에 특성화하여 특정한 전문 학문 분야에 특화한다면 어떨까? 각 도시에 소재한 이들 대표 대학들을 우량대학으로 균등하게 육성 지원할 때 그동안 무슨 계급처럼 대학들 사이에 존재해 왔던 대학간 서열은 사라질 것이며, 이들 대학 모두가 다함께 건강하게 발전하는데 기여할 수 있을 것이다. 무엇보다도 이러한 개혁조치(즉, 우수대학의 외연확대)는 피라미드처럼 되어있는 대학서열 중 소위 스카이 명문대학 진학을 위해 초등학교부터 과도한 경쟁에 내몰리는 폐해를 조기에 차단하는데 기여함으로써 이 땅에 불필요하고 과도하게 존재해 왔던 경쟁을 상당부분 완화시키는 기능을 할 수 있을 것이다. 초기에는 대학이전에 따른 심각한 갈등이 있을 수 있으나, 장기적으로는 대학개혁이 서울 및 수도권 집중화를 어느 정도 억제함과 아울러, 국토의 균형 있는 발전도 간접적으로 촉진시킬 수 있는 부수적인 효과도 거둘 수 있을 것으로 사료된다.

다음의 얘기를 들어보면 우리나라가 얼마나 경직되어 있으며, 경쟁을 부추

기면서도 실상 얼마나 공정한 경쟁이 되지 않는지를 알 수 있을 것이다. (지금은 사망했지만) 최근까지 미국 애플사의 최고경영자는 모두 주지하다시피, 스티브 잡스라는 사람이었다. 세계 굴지의 다국적기업의 최고경영자이니만큼 우리의 시각으로는 분명 그 사람은 세계 최고 명문대를 나왔을 것으로 추측된다. 하지만 사실 그는 대학 중퇴자이다. 대학 중퇴자임에도 실력만 있으면 누구든 최고경영자의 자리에 오를 수 있는 것이 건강한 국가의 특징이다. 대한민국은 어떠한가? 만약 스티브잡스가 대한민국에 태어났다면 과연 거대 다국적기업의 최고경영자라는 자리에 오를 수 있었을까? 단언컨대 대답은 'NO' 다. 만약 그가 대한민국에 태어났다면 애플의 최고경영자는 고사하고 번듯한 직장 하나 갖기 어려웠을 것이다. 며칠 전 웃지 못 할 기사를 인터넷에서 접했다. 고졸자가 학력을 미국 유명대학 경영학 석사출신이라고 속여 삼성의 부장으로 취업했다가 발각되어 사표를 냈다고 한다. 그는 왜 그랬을까? 왜 떳떳하게 고졸이라는 사실을 말하지 못하고 사실을 숨겼을 뿐만 아니라 더 나아가 학력을 위조했을까? 나는 우리나라가 실력으로 사람을 평가하지 않기 때문이라고 생각한다. 어려서부터 치열한 경쟁 속으로 내몰면서도 실상은 제대로된 경쟁의 게임이 적용되지 않고 있다. 과도한 경쟁을 완화시키고, 경쟁을 하되 공정한 경쟁을, 공정한 게임룰에 의해, 공정하게 장기적으로 펼칠 수 있도록 하기 위해서는 무엇보다 대학의 서열화가 사라져야 한다.

대학의 서열화 폐지와 함께 우리는 대학을 가지 않아도 성실히 노력하면 잘 살 수 있는 사회를 조성해야 한다. 공부에 흥미가 있고, 특정 전공이 적성에 맞는 사람은 대학에 진학해야겠지만, 그렇지 않은 학생까지 억지로 대학에 진학시켜서는 곤란하다. 대한민국은 어쩌면 대학교육을 받아야만 사람취급을 받을 수 있는 나라가 되어 버렸다. 그로 인해 무슨 필수코스처럼 너나 할 것 없이 대학에 진학하는 것을 당연한 것으로 여기고 받아들이고 있다. 이 얼마나 사회적 낭비인가? 대학과정을 이수해야 사람노릇을 할 수 있는 것은 아니다. 기술을 배우고 특정분야의 전문가가 되거나 어렵고 궂은일을 함으로써도 충분히 이 사회에 공헌할 수 있다. 이러한 분위기를 만들기 위해서는 대학을 졸업하고 사무직을 종사했을 때 받는 급여와 기술자가 받는 급여, 그리고 궂은일을 했을 때 받는 급여의 차이가 줄어야만 한다. 아니 오히려 남이 하고자 하지 않는 궂은일을 직업으로 선택했을 때 그에 대한 사회적인 존중과 충분한 보상이 뒤따라야 하며, 그 직업을 자랑스럽게 생각하고 부끄러워하지 않아도 되는 그런 국가를 만들어야 한다.

파트타임 정직원제도

대한민국의 출산율을 심각히 저하시키는 또 다른 주요이유는 이 나라가 여성인력을 제대로 활용하려는 의지 자체가 없다는데 있다. 일전에 어느 일간지에서 우연히 본 바에 의하면, 우리가 살고 있는 대한민국에 거주하는 여성들은 사직을 심각하게 고려하는 시기가 두 번 있다고 한다. 그 한 번은 아이를 막 출산하여 육아를 고민하기 시작하는 때이며, 또 다른 한 번은 아이가 초등학교에 입학하는 시기라고 한다. 사실 초등학교에 입학하면, 대부분의 시간을 학교에서 보낼 것이기에 언뜻 생각하면 오히려 사회생활을 영위하기에 좋을 것 같지만, 우리가 존재하고 삶을 영위하는 국가가 앞서 언급했듯 다른 사람과의 치열한 경쟁을 뚫고 견뎌야 살 수 있는 대한민국이라는 사실을 생각하면 당연한 일이다. 상황이 이렇다 보니, 우리 사회는 여성인력을 제대로 활용하지 못하고 그만 사장시키고 만다. 이 또한 얼마나 심각한 사회적 낭비인가? 또한 일하고자 해도 정작 일할 수 있는 환경을 만들어 주지 않고, 그 기회를 현실적으로 박탈하고 있다는 점에서 이를 수수방관한다는 사실은 어쩌면 여성인권에 대한 암묵적인 탄압(?)은 아닐까? 이를 개선하기 위해서는 파트타임 정직원제도를 만들어볼 필요가 있다. 이를 테면, 우리는 '기업의 정직원' 하면 늦어도 아침 9시까지는 출근해서 저녁 6시 혹은 7시까지 근무하는 사람만을 떠올린다. 하지만 모든 업무가 아침에 출근해서 저녁에 퇴근해야만 하는 일은 아닐 것이다. 혹은 두 사람이 오전과 오후로 나누어 함께 업무를 볼 수도 있을 것이다. 본인의 사정이 허락하는 시간대에 근무를 하되 정직원으로서의 지위를 부여한다면, 육아에 대한 고민을 덜면서도 사회생활을 영위하고 본인의 능력을 지속적으로 발휘할 수 있을 것으로 판단된다. 만약 이러한 제도가 만들어 진다면, 출산율이 조금은 늘어날 수 있지 않을까?

이제는 적극적인 이민유입을 고려해야할 때

물론 대학의 서열화를 없앰으로써 경쟁을 완화시키고 파트타임 정직원 제도를 만든다고 출산율이 당장 급격하게 늘어나지는 않을 것이다. 그렇다면, 적극적인 이민을 받아들이는 것도 고려해봄직 하다. 필자는 초등학교와 중학교를 다니면서 교과서에서 "우리 대한민국은 자랑스런 단일민족 국가입니다"라는 글을 여러 번 보았던 기억이 있다. 단일민족이 왜 자랑스러운 일인가? 자랑스러운 일이라고 치자. 우리나라가 정말 단일민족이기나 한 건가? 우리나라는 오천년 역사동안 수없이 많은 외침을 받아왔다. 주변 국가들의 침입으로 인한 전쟁이 있을 때마다, 몽고의 피가, 중국의 피가, 그리고 일본의 피가 섞여왔다. 따라서 정확히 말하자면, 단일민족이라기보다는 단일민족이고자 한 혼혈민족이라고 하는 것이 적절한 표현일 것이다.

이러한 마인드를 갖고 있다 보니, 다른 민족에게 굉장히 배타적이고 보수적인 민족이 우리 한민족이 아닌가 한다. 그러면서도, 역사상 우리가 한반도를 기점으로 주변을 지배했던 일이 있었던가? 늘 외세의 침략을 받고, 국가를 보존하기 위해서는 강대국에 외교적으로 아부하거나 주변 국가들

틈에서 줄타기하듯 해야만 했었다는 사실을 부정할 수 없다. 이러한 역사적인 특수성으로 인해 우리는 어느 샌가부터 우리보다 강한 국가들에 대해서는 우리도 모르는 경외감을 갖고, 우리보다 나약한 국가의 국민에 대해서는 이유 없이 업신여기는 못된 마음을 갖게 되었다.

일예로, 대한민국에서 꽤 성공한 외국인 방송인을 가만 살펴보자. 흑인이 있는가? 모두 백인 일색이다. 프랑스에서 온 방송인인 이다도시는 어느 날 방송에 출연하여 자신이 백인인 사실이 얼마나 다행인지 모르겠다고 말한 바 있는 것으로 기억한다. 방송인으로 활동하다 현재 한국관광공사 사장으로 있는 이한우 씨 역시 백인이다. 그도 흑인이었다면 대한민국에서 현 직위까지 승승장구 할 수 있었을까? 불행히도 필자는 그 질문에 부정적인 답변을 할 수 밖에 없을 듯하다. 어렸을 때, 이런 신문기사를 본 일이 있는 것 같다. 어느 날 수영장에 흑인이 나타나서 물속으로 들어갔더니 수영장 안에 있던 사람들이 기겁을 하여 모두 밖으로 나왔다고 한다. 흑인이 들어가면 물이 까맣게 변하나? 참으로 슬픈 현실이다. 어떤 이는 이 글에 "과거에는 그랬는지 모르겠지만, 이젠 그런 사람은 없습니다!" 라고 하실 분이 있을 것이다. 그럼 이건 어떤가? 아프리카인은 대개 영어를 유창하게 말한다. 한국 사람은 영어를 유창하게 말하는 외국인을 만나면 일단 친절모드로 들어간다. 왜냐하면, 미국인일 가능성이 많으니깐. 하지만 만약 그 흑인이 아프리카의 한 국가에서 왔다고 하면 얼마나 많은 사람들이 본인이 보여줬던 친절모드를 유지할까? 대개는 태도가 싸늘하게 바뀌거나, 최소한 조금 전까지 보여줬던 정도의 친절을 베풀진 않을 것으로 추측된다.

하지만 사람은 피부가 희거나, 노랗거나, 혹은 검거나 모두 똑같이 존중받아야 한다. 그 사람이 선진국에서 왔거나 혹은 우리보다 못사는 후진국에서 왔거나 모두 똑같이 대접받아야 한다. 사람은 기독교인이거나, 불교를 믿거나 혹은 이슬람교도이거나 모두 똑같이 중요하다. 필자는 모든 사람이 평등하게 존중받고, 대접받고, 중요하다고 여기는 것이 바로 진보적 색깔이라고 믿는다.

이제는 대한민국에 기여할 수 있다고 여겨지는 사람에 대해서는 문을 활짝 열고 적극적으로 이민을 받아들일 때가 되었다. 그 사람의 피부색이 검거나, 후진국에서 왔거나, 이슬람교도이거나를 따질 필요가 없다. 그러나 현실은 어떠한가? 외국인 노동자들이 합법적인 절차를 밟고 대한민국에 들어와 일을 하다가 일이 손에 익숙해지면 비자가 만료되어 이 땅을 떠나야 한다. 그리곤 다른 미숙련 외국인 노동자들이 들어와서 다시 그들이 일에 익숙해질 만하면 또 쫓아버리는 것이 현재 대한민국 정부가 하고 있는 모습이다. 이제는 현실을 말 그대로 보다 현실적으로 직시하고 제도를 개선해 볼 때가 되었다. 그러기 위해선, 우리 국민들부터 모든 사람은 평등하다는 사실을 깊이 기억할 필요가 있다.

부자감세 과연 바람직한가?

현 이명박 정부가 펼치는 여러 가지 정책들이 있지만, 그 중 대표적인 경제 정책 중 하나는 내수 진작을 위한 부자감세를 꼽을 수 있다. 부자감세! 과연 바람직한가? 이명박 정부의 설명은, 부자에게 세금감면 혜택을 줌으로써 그들의 소비를 진작시키고, 이것이 내수를 부양하며, 궁극적으로는 내수 활성화로 이어질 수 있다고 말한다. 그래서 감면해준 세액이 무려 100조원에 달한다. 그렇다면, 중요한 점은 부자들의 세금을 줄여주는 것이 정말 적극적인 소비로 이어져서 내수 활성화의 단초가 될 수 있을 것인지가 관건이다.

여러분들은 다음 상황을 어떻게 생각하시는지 여쭤보고 싶다. 예를 들어, 연봉 3억원을 받는 사람에게 세금 30만원을 줄여줬다고 가정하자. 이 사람은 세금이 30만원이 줄었으니, 전보다 30만원을 더 지출할까? 대답은 "아니올시다!" 일 것이다. 3억원의 연봉을 받는 부자는 세금이 30만원이 줄었는지 늘었는지가 중요하지 않다. 중요하지 않은 정도가 아니라 아예 관심도 없고, 이들에겐 의미가 없을 것이다. 틀림없이 그 부자는 세금이 30

만원 줄었든 늘었든 본래 본인이 갖고 있던 씀씀이대로 지출을 할 것이다. 반대로, 부자들에게 세금 30만원을 더 걷으면 어떻게 행동할까? 세금을 이전보다 30만원 더 내니 허리띠를 바짝 조이고 소비를 줄일까? 역시 이들에게는 30만원이라는 돈이 주머니에서 더 세금으로 걷히든 아니든 큰 문제가 되지 않을 것이다. 그렇다면, 오히려 부자에게 30만원을 세금으로 더 거둬 대한민국의 극빈자에게 지급하면 어떤 상황이 벌어질까? 현금으로 주면, 어쩜 그 돈이 은행으로 직행될지도 모르겠다. 은행에 예금으로 입금되면, 그 자금이 결국 기업의 투자자금으로 연결될 가능성도 있으니 일단 전보다는 상황이 나아졌다. 그런데 만약 현금이 아니라 필수품을 구입할 수 있는 30만 원짜리 바우쳐로 지급하면 어떨까? 틀림없이 그 바우쳐야말로 평소 필요로 했던 물품의 구입에 사용될 것이기에, 소비로 이어질 수 있을 것이다. 그렇다면, 결론은 너무 자명하지 않은가? 소비로 이어져서 내수를 진작코자 한다면 부자들의 세금을 감면해 줄 것이 아니라 부자들에게 그만큼 더 거둬 하위계층에게 무상으로 나눠줘야 할 것이다.

이전 노무현 정권에서 만들어놓은 종합부동산세 제도를 현 정부 들어 상당부분 무력화시켜 놓았다. 즉 쉽게 말하면, 예를 들어 강남 3구(강남구, 서초구, 송파구)에 사는 사람들과 같은 상대적으로 돈 많은 부자들의 부동산관련 세금을 엄청나게 줄여주었다. 이 줄어든 세수는 어디에선가 반드시 벌충되어져야 할 것이다. 그렇다면 어디서 보충될까? 가장 쉬운 방법은 소득이 확실하여 소위 유리지갑이라고 일컫어지는 중산층, 직장인들의 주머니에서 나올 것이다. 불과 며칠 전 이명박 정부는 균형재정을 위해서 감세정책은 유지되어져야 한다고 주장했다. 재정이 피폐해지는 것을 막기 위해서 감세정책을 유지해야 한다니 이 얼마나 우스운 소리인가? 균형재정을 위해서는 세금을 더 거둬야지 이 무슨 해괴망측한 소리인가? 결국, 이 말은 강남 3구로 대표되는 부자들의 주머니에서 세금을 덜 받아 다른 어딘가(봉급생활자)에게는 세금폭탄을 부과하겠다는 말과 다름 아니다. 그렇지 않고서야 설명될 수가 없다.

세금에 대한 얘기를 좀 더 해야겠다. 영국에는 'Council Tax' 라는 세금이 있는데, 이는 우리의 주민세와 같은 성격을 갖는다. 말이 주민세지 상당한 부담이 되는 금액이 부과된다. 그런데 그 주민세가 부과되는 기준이 바로 집의 크기이다. 즉, 집값이 비싼 큰 집에 살면 엄청난 금액의 주민세를 내야하고, 작은 집에 살면 미미한 금액의 주민세가 부과된다. 즉, 큰 집에서 상대적으로 편안한 삶을 사는 부자들은 세금을 더 내서 가난한 사람들과 다 함께 잘 사는 사회를 가꿔야 한다는 생각을 그들은 갖고 있다(부자들이 내는 돈은 가난한 사람들의 의료비, 쓰레기 수거비, 도서관 무료 이용비, 교통비 등으로 소요된다). 이 얼마나 공평하고 합리적인 제도인가? 안타까운 얘기지만, 만약 대한민국에 거주하는 부자들에게 세금을 더 내서 가난하고 소외받는 계층의 의료비, 쓰레기 수거비, 교통비 등으로 사용하자고 하면 어떤 반응을 보일까?

이와 같은 특징은 비단 주민세에 한정되어져 있지 않다. 필자가 아는 한, 각종 공과금(전기세, 수도세 등)의 부과도 부의 기준에 따라 부과된다. 다시 말하면, 부자들이 사는 동네에는 같은 전기를 사용해도 더 비싼 전기료가 부과되는 반면, 가난한 사람들이 몰려 사는 동네에는 동일한 사용량에 값싼 전기료가 청구된다. 대한민국 부자들의 집에 가면 아무리 더운 여름도 두렵지 않다. 빵빵하게 에어컨 틀면 되니깐. 에어컨 틀어서 나오는 전기료가 몇 푼이나 한다고... 그런데 가난한 사람들이 사는 집은...? 에어컨도 없을뿐더러, 엄마는 전기세 아끼기 위해 땀띠가 여기저기 난 아이를 부여안고 연신 부채질을 하며 선풍기도 틀지 못하는 집이 다수일 것이다. 안타까운 상황이다. 만일 영국과 같은 제도를 대한민국에 시행하자고 하면? 대한민국 부자들은 모르면 몰라도 "이 무슨 공산주의 빨갱이 같은 말이냐"고 할 것이다. 그렇다면 묻고 싶다. 영국이 더 민주주의가 발전한 나라인지, 아니면 대한민국의 민주주의가 더 성숙해져있는지...

사회적 급여

급여에는 두 가지 상이한 종류의 급여가 있다. 첫 번째 유형의 급여는 모두가 주지하듯 회사에서 노동을 제공하고 그 대가로 받는 임금을 의미한다. 노동자들이 임금을 조금이라도 더 받기 위해 주력해 온 이유이기도 하다. 두 번째 종류의 급여는 국가의 복지혜택으로써 주어지는 임금을 일컫는다. 예컨대, 우리나라에도 보육지원금이 조금씩 증가하고 있다. 만일 지방자치단체에서 아이들을 키우는 보육비로 월 20만원을 지급한다면, 이는 급여생활자의 임금이 매월 20만원씩 올라가는 효과가 있을 것이다. 또한 기초노령연금으로 노인들에게 지급되는 돈은 노인을 부양하는 가구에겐 그 만큼 임금을 더 받는 것과 같은 효과를 가질 것이다. 이러한 성격의 임금을 사회적 급여라고 한다.

우리는 늘 복지제도가 잘 정착되어있어 살기 좋은 북유럽 국가들(노르웨이, 스웨덴 등)을 부러워한다. 하지만, 복지정책을 펴기 위해서는 조세를 떼어놓고 생각할 수 없다. 그렇다면 그 돈은 누구의 주머니에서 나와야 할 것인가? 부유한 사람과 가난한 사람이 모두 공생하고 다함께 잘 살기위해서는 가난한 사람들이 지금보다 더 희생하고 그들의 주머니를 '박박' 긁어야 할까? 아니면, 부자들이 십시일반으로 조금씩 더 부담하는 것이 바람직할까? 그 해답이 전자에 있다고 믿는 분들은 많지 않으리라. 물론 그렇다고 부자가 무슨 죄를 지은 것도 아닌데 무조건 일방적으로 부자들의 주머니를 털어야 한다고 주장하는 것은 아니며, 필자는 현재 대한민국이 갖고 있는 제도의 보완을 얘기하고 싶다.

김정진(2010)[1] 변호사가 쓴 '복지확대를 위한 증세' 라는 글을 보면 그 설명이 잘 되어있다. 그의 글을 여기에 요약해 보고자 한다.

> 일반적으로 소득 재분배 기능이 큰 것으로 알려져 있는 소득세의 경우 한국은 그 비중이 상대적으로 낮다. 한국의 소득세 비중은 GDP의 7.9 퍼센트인데 반해 OECD 회원국, 유럽 국가, 유럽연합 15개국의 평균 소득세 비중은 각각 13.0, 12.9, 13.9 퍼센트이다. 사회복지에 주로 쓰이는 사회보장기여금의 경우도 한국은 GDP의 5.6퍼센트임에 반해 OECD 회원국, 유럽 국가, 유럽연합 15개국은 각각 9.6, 10.1, 11.1 퍼센트이다. 결국 소득세 비중이 낮다는 것은 한국의 세제가 소득 재분배 기능이 미약하다는 의미이다. 한국은 특히 소득세 중에서도 개인소득세 비중이 매우 낮다. GDP의 4.1퍼센트 정도다. 반면 OECD 회원국, 유럽 국가, 유럽연합 15개국의 개인소득세 평균은 각각 9.2, 9.1, 10.3 퍼센트에 달한다. 사회보장기여금은 일반적으로 사용자와 노동자가 공동으로 부담하는, 한국으로 말하면 각종 사회 보험료이다. 그런데 사회보장기여금 비중을 보면, 노동자가 부담하는 기여금은 OECD 회원국 평균에 가까운데 반해 사용자가 부담하는 기여금은 OECD와 차이가 크다. 즉, 한국은 사회보장기여금에서 사용자 부담률이 훨씬 낮다.

---

1) 김정진(2010), 복지확대를 위한 증세 IN: 진보신당상상연구소(ed.) 리얼진보: 19개 진보 프레임으로 보는 진짜 세상, 서울: 레디앙.

간단히 말해서, 대한민국은 선진국대비 고소득자에게 세금을 제대로 걷고 있지 않으며, 고소득자에게 부과해야할 세금이 일반소득자에게 부과되어졌을 가능성이 크다. 아울러, 노동자들에게는 너무나 충실히 세금을 거둬들이고 있는 반면, 사용자 및 고용주들에게는 관대한 것이 우리의 현실이다. 그렇다면 어떻게 제도를 보완해야 할까?

첫째, 무엇보다도 개인소득세에 대한 과세를 강화해야 한다. 자본주의 국가에서 개인소득세는 부의 재분배라는 측면이 강한만큼, 고소득자들에게 주어진 각종 세금감면 혜택이 사라져야 한다. 둘째, 이자나 배당과 같은 금융소득에 부과되는 세금 역시 급여소득과 마찬가지로 일률적인 세율을 적용할 것이 아니고 소득금액에 따른 차등부과가 이루어져야 한다. 예컨대, 소액의 이자소득을 받는 소시민에게까지 14퍼센트의 이자 소득세를 물게 하는 것은 불합리하다는 의미이다. 셋째, 소득세의 누진세 비율을 강화해야 한다. 넷째, 본인에게 선택권이 주어지지 않는 "태생"에 의해 부유한 사람과 가난한 사람이라는 인생행로가 일방적으로 정해지지 않도록 상속세와 증여세를 강화해야 한다. 즉, 억세게 운 좋게 부모 잘 만나 부자가 되는 것이 아니라, 노력하고 성실하게 인생을 임했을 때 부유해질 수 있는 건강한 사회를 만들어야 한다. 다섯째, 종합부동산세와 같은 고가의 부동산에 부과되는 보유세를 강화해야하고, 매매에 의한 양도소득세를 늘림으로써 부동산으로 발생하는 이익을 가급적 국고로 환수해야 한다. 여섯째, 앞서 언급한 사회보장기여금의 경우에도 사용자 부담을 OECD 수준으로 증가시켜야 한다.

이러한 일련의 조치들로 인해 추가적으로 거둬들여진 세금은 이 사회의 소외된 계층, 취약한 계층에게 사회적 급여 형태로 되돌려져야 한다. 예를 들면, 저소득층의 중증질환에 대한 치료비로 사용됨으로써 돈이 없다는 이유 하나만으로 사망해야만 하는 일은 최소한 이 사회에서는 없어져야 할 것이다. 또는 할아버지에서 아버지로, 아버지에서 그 자식에게로 가난이 대물림되어 공부를 하고 싶어도 학업을 정상적으로 영위할 수 없는 아이들의 장학금으로 사용될 수도 있을 것이다. 만약 이러한 장학제도가 시행되어 이 아이들이 정상적으로 공부하여 성인이 되었을 때, 이 아이들은 대한민국의 든든한 자산이요 버팀목으로 성장할 수 있을 것이다.

노력하는 사람 · 공정한 사회

벌써 몇 차례, 노력하는 사람이 잘 살 수 있는 공정한 사회를 만들어야 한다는 말을 언급한 바 있다. 그 일환으로, 필자는 보수정당이 획책하는 소위 '전문가 제도' 의 확대부터 비판하고자 한다. 얼마 전, 대한민국의 외교부 수장이 그 딸을 외교부에 편법 입사시켜 불명예 퇴진했던 불행한 일이 있었다. 대한민국에는 어느 때 부터인가 그들만의 리그가 만들어져 있는 듯하다. 누구나 선망하고 들어가고 싶어 하는 자리를 그들만이 특혜를 입고, 그들만이 발탁되며, 그들만이 최종 선택되곤 한다. 필자가 성인이 될 때까지만 해도 대한민국에는 열심히 노력만 하면 개천에서 용나는 바로 그 "용"이 될 수 있었다. 그런데 요새는 '개천에서 용나기' 가 말 그대로 '개천에서 용나는' 불가능한 일이 되어가고 있다.

보수정당에서는 소위 '외부 전문가 확충' 이라는 미명하에 부의 세습으로도 모자라 지위의 세습을 획책하고 있다. 과거에는 행정고시를 보고 선발하던 공무원들의 수를 대폭 삭감하고, 대신 유학을 통해 서구학문을 공부한 외부전문가를 특채형태의 고위공무원으로 모신다고 한다. 그런데 유학을 하고 돌아온 그 외부전문가는 다름 아닌 이 사회의 기득권 계층의 아들들이요 딸들이다. 이들이 기득권층의 자식들 이란 걸 뭐로 장담할 수 있냐고 반문할지 모르겠다. 이 질문에 필자는 이렇게 되묻고 싶다. 그럼 가난한 사람이 자식을 유학 보냈을까? 물론 나처럼 팩킹이나 청소를 해가며 어렵게 공부한 사람도 있겠지만, 과연 그 비율이 얼마나 될까? 이는 조선시대 젊은 인재를 등용하는 유일한 창구였던 과거의 횟수를 획기적으로 줄이고 그 자리에 명문가 대갓집 자재들을 시험 없이 특채하는 것과 무엇이 다른가? 사법고시도 마찬가지이다. 고시를 통해 등용되는 법조인들의 수를 점차 줄이고, 로스쿨을 졸업한 사람들로 채우겠다고 한다. 로스쿨 졸업을 위해서는 산술적으로 들어가는 돈만 1억이 넘는다고 하니, 소시민들에게 로스쿨 공부는 언감생심 상상도 할 수 없는 일이다. 혹자는 이 제도가 선진국에서 보편화 되어있는 반드시 필요한 제도라고 핏대를 높일지 모르겠다. 그렇다면, 돈 있는 사람만이 로스쿨 공부를 꿈꾸게 하지 말고, 능력 있는 사람이면 누구나 로스쿨에 입학할 수 있도록 제도를 보완하든지...

반값 등록금

로스쿨 등록금 얘기가 나왔으니, 대학생 등록금도 좀 말해야겠다. 올해 대학가 최대의 화두는 반값 등록금이다. 내가 대학생이라고 하더라도, 정말 화병이 날 것 같다. 대통령 선거를 치르면서는 자신을 뽑아만 주기만 하면 등록금을 반값으로 낮춰 주겠다고 호언장담을 해서 찍어줬더니, 정작 대통령이 되고 나서는 나 몰라라, "내가 언제?" 한다. 거기다 한술 더 떠, 등록금 금액이 적어지면 교육의 질이 떨어진다고 한다. 정부는 아이를 셋, 넷 가급적 많이 낳으라고 하면서, 진학하고자 하는 아이들의 대학 등록금은 모른 체한다. 한 학기 등록금이 대략 4백만 원쯤 하니(물론 대학마다, 전공마다 다르긴 하지만), 1년이면 8백만 원, 아이 셋이 대학에 다니면, 등록금으로만 적어도 한 해 2천4백만 원을 지출해야 한다. 여기에 용돈과 책값도 있어야 하고, 만약 서울이 아닌, 지방에서 올라온 학생이라면 엄청난 하숙비까지 플러스가 된다.

그럼 등록금을 정말 반값으로 줄여줄 수 있는 방법은 없을까? 있다. 분명히 있다. 김영삼 보수정권에서 무분별하게 허가해준 부실대학들을 조속히 정말 조속히 정리한다면, 반값 등록금의 실현이 꿈은 아니다. 현재 교육과

학기술부(이하, 교과부)에서는 각 대학에 각종 명목의 보조금을 지원해주고 있다. 이 지원금은 대학재정의 중요한 부분을 차지하고 있다. 중요한 사실은, 전국에는 '이런 대학이 있었나?' 라는 생각이 들게 하는 무늬만 대학인 대학이 무수히 있다. 이러한 대학들은 신입생들이 입학하지 않아, (중국 등에서) 학습능력이 없는 유학생들을 유치하여 그들이 내는 등록금으로 대학의 생명을 연장하고 있다(나중에 다시 언급하겠지만, 이들 능력 없는 유학생들에게까지 학위를 남발할 경우, 향후 대한민국의 교육산업에 치명적인 악영향을 미칠 것이다). 물론, 이들 부실대학들에게도 교과부 지원금은 지급되고 있다. 만약 이들 부실대학들을 정리한다면? 이들 부실대학들에게 지원되었던 재원을 건전한 대학으로 전환시킬 수 있으며, 지원되는 교과부 보조금 증가의 선행조건을 등록금 감면으로 연결 짓는다면, 학생들이 지불하는 등록금의 상당액을 줄여줄 수 있을 것이다.

현 정부도 이러한 사실을 인지하고 부실대학들의 정리를 서두르는 모양새를 취하고 있다. 하지만 자세히 들여다보면, 정말 현 정부가 부실대학들을 정리할 의지와 생각이 있는지 의아스럽기만 하다. 진정성 있는 의지가 있다면, 신속히 정리할 수 있을 것임에도 계속 엄포만 놓는다. 엄포만 놓다가 끝나는 건 아닐까?

앞서 지적했듯이, 대한민국의 경쟁을 최소화하기 위한 첫 단추는 대학의 서열화 폐지에 있다. 그 방법으로 서울 및 수도권에 소재한 대학의 대부분을 지방으로 이전하고 지역과 도시의 대표성을 갖는 대학을 중심으로 균형 있게 많은 대학을 육성하는 방안을 권고하였다. 필자가 판단컨대, 그 이전에 부실대학들의 신속하고 과감한 정리가 선행되어져야 한다.

대한민국의 먹거리

대한민국의 먹거리 얘기를 하지 않을 수 없다. 우리 자손들의 미래와 관련해서, 현 이명박 정부는 '녹색성장'을 지속적으로 강조하고 있다. 녹색! 성장! 참으로 좋은 말이다. 그런데 내가 아둔하고 부족해서 그런지 뭘 녹색이라고 하는지 잘 모르겠다. 얼핏 생각하기에, 친환경 제품의 개발과 생산을 강조하는 말인 듯 하긴 하다. 자동차를 생산하더라도 오염물질 배출을 줄일 수 있는 전기차 생산기술의 연구개발 등을 예로 들 수 있지 않을까 싶다.

하지만 자동차 생산기술을 발전시킨다고 지속적인 도약과 미래 경제성장을 장담하기 어려울지 모른다는 생각이 필자를 짓누르고 고민케 한다. 대한민국이 향후 먹고 살기 위해서는 좀 더 획기적인 발상전환이 필요하지 않을까? 지금 현재 대한민국은 전자, 반도체, 선박, 자동차 등을 수출하여 먹고 살고 있다고 해도 과언이 아니다. 문제는 지금 우리가 많은 이익을 시현시키고 있는 이들 제조업 부문들이 치열한 글로벌경쟁 산업들이라는 사실이다. 특히, 중국이 맹추격하고 있는 상황이라 이들 제조업의 장래를 확실히 장담하기 어렵다는 점이 무척 걱정스럽다. 즉, 친환경 녹색제품 생산을 강조하여 기술력을 한 단계 업그레이드 시킨다고 지금의 경쟁을 뿌리치고 경쟁력을 유지하기가 쉽지 않다.

여기서 영국이라는 다른 선진국 현실을 잠시 살펴보자. 여러분들이 보시기에 영국의 주요 외화벌이 수단은 무엇일 것이라고 생각하는지 여쭤보고 싶다. 영국은 내세울만한 제조업 부문이 별로 없다. 그러면서도 과거 한 차례 외환위기를 겪긴 했지만, 비교적 잘 경제시스템이 작동하고 있다. 그 이유는 여러 가지가 있겠지만, 그 중 대표적인 이유 하나는 영국이 서비스산업을 육성하기 때문이다. 앞서 질문 드린 내용에 대한 답변을 드리면, 영국의 주요 외화벌이 산업은 첫째, 금융산업, 둘째, 관광산업, 셋째, 교육산업으로, 모두 서비스업이라는 공통점을 갖는다.

서비스업은 매력적인 장점이 있다. 삼성, LG, 현대 등 대한민국의 제조업 기업들의 위상은 날로 높아지고 있으며, 그들이 생산하는 제품의 국제시장 지배력도 아직은 비교적 굳건한 편이다. 그런데 의아한 점이 하나 있다. 이들 제조업 기업들은 잘 나가는데 청년실업은 계속 늘고 있다고 아우성들이다. 기업이 발전하면, 고용이 증대되고, 따라서 실업이 줄어야 하는데, 이상하게도 기업은 성장하면서도 고용은 줄고, 실업률은 증가하고 있다. 왜일까? 기계화와 자동화가 계속 늘고 있기 때문이다. 기업은 시현한 수익을 기계화 설비의 증대에 지속적으로 투자함으로써 그간 사람이 해오던 일을 점차 줄여나가고 있다. 이로 인해, 상식적으로 생각해왔던 기업성장, 이익증대, 고용증대, 실업률저하 라는 선순환이 이루어지지 못하고 있다. 반면, 서비스업은 상대적으로 기계가 사람을 대신할 수 있는 폭이 한정되어있다. 따라서 서비스 부문이 활성화되면 자연스럽게 고용이 증대되는 현상을 목격할 수 있다.

그런데 불행히도 영국이 금융이라는 서비스산업에 특화하여 그 중심지로서의 역할을 수행한다고 대한민국도 쉽게 그리 될 수 있는 것은 아니며, 따라서 필자가 금융산업을 시급히 세계적 수준으로 육성하여 고용을 창출하자는 것을 말하고자 함은 아니다. 아시아만 보더라도 이미 일본의 동경, 중국의 홍콩, 그리고 싱가폴 등이 산업리더로서 허브의 역할을 하고 있으며, 이들의 위치를 대한민국이 대신하여 차지하기란 쉬운 일이 아니다. 하지만, 대신 대안을 생각해 볼 수는 있을 것이며, 나는 그 대안으로써 의료산업을 추천하고 싶다. 주지하다시피, 한국의 의료기술은 눈부시게 발전해 왔으며, 세계 그 어디에 내놔도 손색이 없다. 손색이 없는 정도가 아니고, 대한민국의 의료기술로 못 고치는 질환이 웬만해서는 없을 지경이다. 만약 필자와 같은 생각에 동의한다면, 대한민국의 미래 산업 중 하나로 의료부문을 집중 육성하는 것도 나쁘지 않을 듯하다. 각 병원에 다양한 언어에 대한 통역을 대폭 확충하여 외국인과의 커뮤니케이션 문제를 상당부문 해소한다면, 충분히 경쟁력을 가질 수 있다고 본다.

다만, 필자는 이를 목적으로 영리병원을 설립하는 데에는 원칙적으로 반대한다(영리병원을 설립하지 않더라도 지금 현재의 병원시설만으로도 우리의 의료산업 경쟁력은 충분하리라고 본다). 영리병원의 설립 문제로 진보와 보수간 갈등이 있는 상황에서 필자의 의견이 불필요한 오해를 받지 않도록 잠시 좀 더 구체적인 설명을 해야 할 듯하다. 현재 대한민국에 설립된 모든 병원들은 근본적으로 이익추구가 목적이 아니다. 즉, 이를 구체적으로 설명하면, 예를 들어 삼성, 현대 등 대기업은 복지재단을 설립하여 이 재단이 삼성병원이나 현대아산병원 등을 건립한 형태를 띠고 있고, 병원에서 발생한 모든 이익은 병원에만 재투자 된다. 따라서 기업처럼 기본적으로 이익을 추구하거나 영리를 목적으로 하지 않는다. 만일 현재의 시스템을 무너뜨리고, 보수정권에서 주장하듯 영리병원을 허가 하게 되면, 이들 병원은 말 그대로 영리만을 목적으로 할 것이기에 진료비는 기하급수적으로 상승하게 될 것이다. 영리병원은 환자에게 진료비를 더 받아 의사들에게 높은 고액의 연봉을 제시할 것이기에 능력 있고 유능한 의사들은 모두 영리병원으로만 몰릴 것이 뻔하다. 이렇게 되면, 지방에는 의료 공동화 현상이 나타나 아파도 제대로 치료 받을 수 없는 상황을 초래하게 될 것이며, 의사뿐만 아니라 환자들도 부자들은 고가의 병원비를 내고라도 고급 진료를 받기위해 역시 영리병원만을 찾을 것이다. 이러한 모습들은 국민들간 심각한 위화감을 조성하여 돈이 없어 고가 진료를 받을 수 없는 일반국민들의 박탈감을 증가시킬 것이다. 더욱이 값비싼 병원비로 인해 건강보험의 존립이 근본적으로 위협받을 수 있을 것으로 예견되며, 이를 막기 위해 정부는 국가가 관리하는 건강보험과는 성격이 다른 건강보험, 즉 민간기업의 값비싼 고가 건강보험의 판매를 허가해야 할 것이다. 이러한 일련의 사태는 쉽게 말해(지방에서의 병원과 의료인력 부족현상의 양산과 더불어) 병원을 일류와 이류병원, 건강보험을 고가와 저가보험, 국민을 일등과 이등 국민으로 나누게 되는 결과를 초래하게 됨을 의미한다. 따라서 필자는 의료 분야를 대한민국의 미래 산업으로 선택하되, 현재의 체계를 흔들지 않는 범위 내에서 육성 지원하는 방안을 모색할 것을 권유한다.

둘째, 관광산업도 충분한 발전 잠재력이 있다고 본다(특히, 앞서 언급한 의료산업과 관광을 연관 지어 생각해 본다면, 한류가 부상하고 전 세계적으로 확산되는 이 시점에서 의료산업을 미래 산업의 하나로 적극 지원한다면, 외국인 의료관광객의 수를 괄목할만하게 증가 시킬 수도 있으리라). 물론, 필자도 우리나라가 외국인을 대량으로 유인할 수 있는 자원을 충분히 갖고 있다고까지 생각하진 않는다. 실제 영국에서 학위과정을 공부하면서 본 영국인들은 거의 대부분 중국을 여행하고 일본을 방문한 뒤 한국을 거치지 않고 바로 영국으로 돌아와 버린다. 만약 상황이 이렇다면, 관광자원을 만들면 된다. 대한민국 국민은 마음만 먹는다면 뭐든 기가 막히게 잘 만들지 않는가? 4대강 사업에 국민 혈세 22조원이 투입되었다. 토목은 집권하고 있는 당시에는(공사현장에 엄청난 인력이 투입될 테니) 반짝 실업률을 줄여주고, 경기를 단기적으로 부양하는 효과는 있을지언정, 국가의 근본적인 경쟁력을 강화시켜주는 것과는 거리가 멀어도 한참 멀다(참! 생태계야 어떻게 파괴되든 만들어 놓으면 일단 멋은 있고, 주변 땅값은 엄청! 올려놓아 투기를 조장하는 효과는 있을지 모르겠다). 4대강 삽질에 투입되는 22조원을 중앙정부 차원에서 관광 상품 개발에 투자했다면 대한민국이 두고두고 먹고 살 수 있는 상당한 먹거리를 만들 수 있었을 게다.

셋째, 앞에서도 잠깐 한류를 언급했지만, 우리는 한류로 인한 국가이미지 향상을 잘 활용할 필요가 있다고 본다. 한류가 각광받으면서, 아시아에서의 한국에 대한 관심이 부쩍 늘었다(대한민국의 드라마가 인기를 끌고, 아이돌 가수들의 노래와 춤이 유행한다고 우리의 국가이미지가 전 세계적으로 개선되고 있는 것 같진 않다. 필자가 영국에서 학업을 하면서 받은 한국에 대한 첫 질문이 "너희 나라 화장실 있니?" 이었으니 말이다. 이 질문을 했던 영국인이 당시 대학생이었으니, 그저 무식한 사람의 무식한 질문이라고 치부할 수만은 없을 듯하다). 얼마 전, 인도네시아에 거주하는 한 교민으로부터 다음과 같은 이메일을 한 통 받은 일이 있어 이를 그대로 옮겨 본다.

교수님, 잘 계시지요? 머리도 식힐 겸, 몇 글자 끼적여 보았습니다.

아침 업무시작 예배를 막 끝내었을 즈음, 고객 관리하는 여직원이 조심스레 들어왔다. "Mr. Lee~ 어떤 인도네시아 여자 분이 찾아왔는데….어떻게 할까요?" 아마, 자기가 생각하기에 아침부터 나를 찾아올 현지인 여자는 없을 것이라 생각했던 모양이다. 찾아 온 이유를 자세히 설명도 하지 않으니, 여직원으로써는 쫓아낼 수도 없고 고민을 했었던 모양이다. 나 또한 누군지 궁금하기도 해서 사무실로 모셔보니, 아주머니와 학생차림의 두 사람인데, 그렇게 부유하게 보이지는 않았다. 먼저 말을 꺼내지 않고 한참을 앉아서 우물쭈물하기에 내가 먼저 물어보았다. "어떻게 오셨습니까? 부인~" "네, 그것이…. 그것이…." 말을 꺼내지 못하고 머뭇거리다가, 눈물을 글썽이는 딸을 가리키며, 도와 달란다. 딸이 이번에 고등학교를 졸업했는데, 한국이 너무 좋아서 다른 국내대학교는 지원도 않고 부모를 졸라대는 통에 어제 밤에는 아버지와 크게 다투었고, 아침부터 어머니가 딸을 위해 이렇게 데리고 왔는데, 돈 들지 않고 한국으로 유학갈 길이 없겠느냐고 한다. '아이고~ 한국이 엎어지면 코 닿을 곳에 있는 것도 아니고, 돈 없이 어떻게 유학을 간단 말인가? 100퍼센트 장학금을 주어도 생활비 때문에 못갈 것 같은데….'

"우리 딸이 밤마다 울며 잠도 안자고 조르니, 저도 방법이 없습니다. 좀 도와주세요. 네? 저희들이 가난하지는 않지만, 그 큰돈을 들여 유학 보낼 형편은 되지 않습니다. 혹시, 한국기업들이 지원하는 프로그램은 없습니까? 한국정부의 장학금을 어떻게 받을 수 없을까요? 아이의 학교성적은 고1때 반에서 10등, 고2때 1등, 고3때 1등입니다. 성적표와 졸업장은 여기 있습니다. 토플 시험성적도 여기 있습니다. 고등학교 때 3년간 개근을 하였고, 교장추천서도 받아올 수 있습니다. 우리 딸이 한국을 이렇게 좋아하는데, 누구한테 이야기하면 좋을까요?"

한번 터진 말문은 거침이 없다. 어느 세상이 되었든, 역시 엄마는 대단하다는 생각이 든다. 딸을 위해서는 부끄러움도 없다. 그냥 도와 달라고 떼를 쓰니…. 이를 어쩌랴. 내게 무슨 큰 능력이나 돈이 있는 것도 아니고…. 그냥 보내려니 무슨 말로 어떻게 위로 할지 걱정이고…. 딸은 무슨 구세주나 만난 것처럼, 내 얼굴만 쳐다보고 있다. 아이의 얼굴을 보고 있으려니, 도대체 위로의 말을 꺼낼 수가 없다. '아이고~ 하나님~ 오늘아침 예배 때에 기도가 잘 안되고, 버벅거리더니만…'

"부인~, 아무래도 어려울 듯합니다. 한국정부의 장학금제도는 3년 내내 1, 2등을 해야 하고, 한국기업들이 지원하는 장학제도는 거의 없는 실정입니다. 아이가 이렇게 똑똑하니, 대학교는 인도네시아에서 공부하고, 대학원을 한국으로 보내면 어떻겠습니까? 대학원은 제가 어떻게 하든지 돈 안 들고 유학할 수 있도록 해 보겠습니다."

고개를 푹 숙이고, 연신 눈물을 훔치고 있는 아이를 달래며, 돌아가는 그 아주머니의 뒷모습이 아직까지 머리에서 떠나지를 않는다. 한류가 온 세상을 돌고 돌아 여기까지 왔다. 누구누구는 한류를 이끌며 재벌이 되었다는데, 한류의 경제효과가 얼마라며 떠들썩대고, 이제 한류의 여파로 우리 대한민국의 국가위상이 엄청나게 높아지고 있다는데…. 하지만, 이 아이를 어떻게 할건가. 그냥, 한류가 좋아서 한국이 좋아서 죽겠다는데…. 이 시기를 놓치지 말고, 한류로 인한 효과와 결과를, 감당하고 정리할 수 있는, 새로운 시스템이 있었으면 한다. 아무래도, 오늘 퇴근하기 전에 전화를 드려야겠다. 그 부인과 아이에게 한국식당에서 자장면이라도 대접해야 할 것 같다. 교수님 읽어주셔서 감사합니다.

영국에 있으면서, 영국의 교육산업이 무척 부러웠다. 이건 뭐 굴뚝하나 없이 외국인 학생 유치로 떼돈을 벌고 있으니 말이다. 외국인 학생 한 명이 들어와서 그 학생이 내는 등록금과 지출하는 생활비를 고려하면, 그 경제적 기여를 결코 무시할 수 없다. 영국이 이런데 하물며 미국은 어떨 것인가? 비록 아직은 아시아에 국한되어 있긴 하지만 지금과 같이 한류의 바람이 불어 대한민국의 국가이미지가 날로 개선되고 있는 이 시점이 교육산업의 육성을 정책적이고 전략적으로 고려해 봐야할 타이밍이 아닌가 생각된다. 물론 위의 학생은 유학을 가기에는 가정형편이 넉넉한 편이 아니지만, 부모님의 충분한 재정적 지원을 받을 수 있는 많은 아시아 학생들이 있을 것으로 여겨진다. 또한 교육상품 판매로 인한 긍정적 효과는 비단 경제적인 이슈에 한정되지 않는다. 이 땅에서 우리의 교육지식을 습득한 학생들이 자신들의 고국으로 돌아갔을 때, 이들이 자국의 사회 요소요소에 자리를 잡고 친 한국적 발언을 하고 인식을 확산시킨다면, 경제적 효과뿐만 아니라, 눈에 보이지 않는 부수적인 상당한 외교적 효과도 기대할 수 있을 것이다.

하지만 누차 강조했듯이, 지금처럼 부실대학들이 자신들의 의미 없는 생명유지를 위해 무차별적으로 유학생들을 받아서는 교육을 통한 국가이미지 개선은커녕 오히려 대한민국의 평판을 망칠 수 있다. 내국인 학생들을 위한 반값 등록금 제도의 달성을 위해서도 그렇고, 우수한 외국인 학생들의 유치를 위해서도 대한민국 사회의 대학 구조조정은 신속하고 시급하게 이루어져야 할 중대 사안이라고 판단된다. 과거 보수정권이 범한 오류를 진보정당이 서둘러 바로 잡아야하겠다.

공기업의 민영화, 바람직한가?

보수정당이 추진하고 있는 공기업의 민영화에 대해서도 몇 자 적고자 한다. 보수정당은 공기업의 효율성 증진과 경쟁력 향상을 위해서는 '공기업의 민영화'를 조속히 진행해야만 하는 피할 수 없는 당면과제라고 주장하고 있다. 특히나 일부 공기업의 경우, 특혜시비를 막기 위해 그 문호를 외국계 투자 자본에게까지 확대하려는 모습을 보이고 있다. 하지만, 공기업이란 국가나 지방 자치 단체가 사회 공공의 복리를 증진하기 위하여 경영하는 기업을 일컫는 것으로(예를 들어, 철도, 우편, 전기, 수도 등이 대표적으로 이에 해당된다), 파급되는 그 영향력이 국민들의 생활과 밀접한 관계를 갖기에 이와 관련된 모든 정책은 세심하고 실효성 있게 집행되어져야만 함을 지적하고자 한다.

필자는 우선 대한민국 공기업의 민영화에 외국계 자본이 참여하는 것을 절대적으로 반대한다. 앞서 언급한 것처럼, 보수정당은 효과적인 공기업 운영과 외국의 선진기법 습득을 이유로 건전한 공기업조차 해외자본에 매각하는 것을 시도하고 있으며, 그 대표적인 예로 인천공항(정식명칭은 인천국제공항공사)을 들 수 있다[2]. 인천공항은 수도권의 항공운송 수요를 분담하고 동북아시아의 허브역할을 담당하기 위해 1992년 착공해 9년만인 2001년에 완공되었으며, 최근 2010년 한 해 당기순이익 규모가 2,600억, 2011년 순이익 규모는 5,000억 이상이 될 것으로 예측되고 있어 명실상부하게 대한민국 공항의 상징이 되었다. 뿐만 아니라, 세계 공항서비스 평가에서 6년 연속 1위를 차지하고 있고, 작년도(2010년) 환승객수가 1,000만 명을 넘은 것으로 예상되어 가장 모범적이고 선진적인 공기업 사례로 평가받고 있다. 비록 삼성이나 LG전자 또는 현대자동차만큼 대한민국을 해외에 알리는 역할을 주도적으로 수행하지는 못하지만, 인천공항은 대한민국의 첫인상이라는 점에서 어쩌면 그에 못지않게 우리의 국격을 높여주고 국가의 이미지를 개선시키고 있는 대표적인 보물중 하나이다(해외여행을 해보신 분이라면, 인천공항의 시설이나 운영이 얼마나 훌륭하게 유지되고 관리되고 있는지 동의해 주실 것으로 판단된다).

그럼에도 이명박 정부는 2009년 8월 '공기업 선진화' 라는 명목으로 지분의 49%를 해외에 매각하겠다고 발표한 바 있으며, 그 매각을 현실화할 입법을 준비 중이다. 애초 설립목표대로 동북아의 허브공항이 되기 위해서는 해외의 선진운영기법을 배우는 것이 필수적인 선결조건이라고 보수정당에서는 주장하고 있으나, 실제론 거꾸로 많은 외국공항 관계자들이 인천공항의 성공사례를 보러오고 있어 보수정부의 주장은 설득력을 가질 수 없다. 아무리 좋게 생각하려고 해도, 인천공항에 대한 민영화, 그것도 해외자

2) 아래 내용은 macho_eye라는 아이디를 사용하는 분의 블로그를 참고하였다(접속일: 2011년 8월 28일).

본에 대한 매각은 국부를 유출시키겠다는 의도로 밖에 보이지 않으며 부자감세로 인해 부족해진 재정을 이를 통해 보충할 수만 있다면 오히려 국가경쟁력의 퇴보나 국민생활의 불편은 아랑곳 하지 않겠다는 소리로 들린다(특히 보수정부는 매각을 용이하게 하기위해 면세점이나 서비스라운지 등 소위 돈 되는 부문을 매각코자 하고 있다).

주지하고 있는 바와 같이, 공기업의 직접적인 목적은 이윤추구가 아니라 국민들에게 생산이나 서비스를 값싸게 제공하는데 있다. 따라서 이러한 공기업이 다국적기업을 포함한 민간자본에 민영화되게 되면, 기업의 존재목적이 양질의 값싼 서비스 제공에서 이윤추구로 180도 바뀜으로써 국민들이 향유하게 되는 관련 복리수준의 질은 퇴보를 피할 수 없다. 실제로 건전하게 운영되고 있는 공항을 해외에 매각하여 국민들 삶의 질을 후퇴시킨 많은 예가 있다. 대표적으로, 영국 히드로공항의 경우 정부정책에 의해 1987년 민영화가 이루어졌으나, 공항의 새로운 주인은 국민들의 복리보다는 이윤추구라는 기업 자신의 본능에 충실함에 따라 공항 매각은 항공요금의 폭등과 공항의 시설이용료 등을 급격히 상승시키는 결과를 초래하였다. 증가된 이 모든 비용은 당연히 공항을 이용하는 고객과 국민들의 몫이 되었으며, 기업은 서비스의 획기적인 개선보다는 주로 이익증대에 관심을 가짐에 따라 공항사용에 대해 느끼는 이용객들의 전반적인 만족도는 당연히 급격한 추락으로 귀결되었다. 이와 같은 전형적인 모습은 비단 히드로공항의 케이스에만 국한되지 않는다. 그리스의 아테네공항 역시 민간자본으로의 민영화 이후, 9위였던 서비스부문 평가가 50위로 곤두박질 쳤으며, 공항이용료의 대폭적인 인상은 고스란히 고객들의 부담으로 전가되었다.

국민들의 복리수준에 직접적인 영향을 줄 수 있는 공기업의 해외매각과 그 폐해에 대해 인천공항과 해외의 경우를 예로 들어 설명을 드렸으나, 이는 말 그래도 그저 예일 뿐이란 점을 강조하고 싶다. 즉 다시 말하면, 여러 공항사례에서 봤던 바와 같이 국민들의 일상생활과 밀접한 상관관계가 있어, 민영화가 서비스 제공의 질을 오히려 떨어뜨리고 국민들에게 불편함과 불만족을 야기할 것으로 보이는 경우 그 어떤 일이 있어도 공기업의 해외자본 매각은 있을 수도, 있어서도 안 되는 정책이라고 말하고자 한다. 해외자본으로의 매각뿐만 아니라, 사실 대부분 공기업의 민영화 자체가 갖는 의미는 '국민들의 일상생활을 행복에서 고통 속으로 밀어 넣는 것' 과 다름이 없다.

이번에는 우편의 예를 들어 보겠다. 우리는 편지를 부칠 때, 수신처가 서울이든, 제주도이든, 강원도 산속 깊숙한 두메산골이든, 대한민국의 영토 내라면 동일한 요금을 지불하는 것을 당연하게 생각하고 있다. 그 이유는, 우편을 우정사업본부라는 정부기업에서 관리하고 있고, 조직의 이익보다는 공익적인 면이 강조되고 있기 때문이다. 하지만, 이 정부기업이 민영화되는 상황을 상상해보자. 민간 기업은 이윤추구가 기업의 존재이유이기에 우선 즉각적으로 우편요금이 인상될 것임은 두말할 필요 없이 당연한 일일 것이다. 또한 서울에서 서울로 우편물을 배달하는 것보다는 제주도에서 서울로 배달할 때 인건비와 운송비 등 더 많은 비용이 발생할 것이기에 후자의 경우, 우편요금의 인상폭은 더욱더 획기적으로 증가할 것이다. 발신처가 두메산골인 경우는 어떤가? 반드시 그러한 것은 아니겠지만, 보편적이고 상식적인 생각으로는 도시에 거주하는 국민보다 두메산골에 거주하는 국민의 부가 작을 것으로 여겨진다(쉽게 말해서, 두메산골에 사는 사람보다 도시에 사는 사람이 상대적으로 부유할 것으로 판단된다). 하지만, 첩첩 산중 두메산골의 경우에는 심지어 제주도에서 서울로 우편물을 발송하는 것보다 어쩌면 더 많은 비용이 발생할 것이기에, 민간 기업은 가장 가난한 두메산골에 사는 사람에게 가장 비싼 우편요금을 부과할 것임을 어렵지 않게 예측할 수 있다. 반대로, 우편물을 서울에서 두메산골로 부치는 경우에는, 민간 기업의 입장에선 얼마 이익이 남지 않는 단 한 통의 편지를 배달하기 위해 비효율적인 과도한 노력, 인건비 그리고 시간을 투자하기 꺼릴 수도 있을 것이며, 같은 이유로 극단적으로는 배달 자체를 거부할 수도 있을 것이다. 지금은 상상할 수 없는 이 모든 상황이 민영화로 인해 발생될 수 있다면, '효율성 증대' 라는 한 가지 이유 때문에 공기업의 민영화를 해야만 할 것인가?

영국의 경우, 보수정권이 집권하면서 이미 많은 공기업이 민영화되었다. 그 결과, 우리의 관점에서 볼 때, 영국국민들은 엄청난 수준의 각종 공과금을 지불하고 있다. 특히나 전기요금은 거의 살인적인 수준으로, 필자가 배고픈 유학생시절 밤에 추워도 전기히터를 켜지 못하고, 추위를 견디기 위해 매일 밤 옷과 외투를 껴입고 그것도 모자라 양말을 두 개씩 신고 잤던 기억이 선명하다. 외투를 입고 또 양말을 신고 밤에 잠을 잔다니 이 얼마나 우스운 모습인가? 박사과정을 마친 것이 벌써 수년전이지만, 차로 한 시간 남짓한 거리(리즈-맨체스터 혹은 리즈-쉐필드)를 기차로 이동할 경우 무려 우리 돈 수만 원을 지불하고 다녔던 기억도 가지고 있다. 요금이 비싸면 서비스라도 좋던지 해야 하는데, 오히려 기차가 연착을 하지 않으면 이상할 정도로 정시에 오는 경우가 매우 드물었다. 심지어, 30분 이내 연착하는 경우는 안내방송이 제대로 없을 정도로 연발착이 당연한 일상이 되어있다.

이는 우리나라 같으면 주요 일간지와 방송에 바로 뉴스가 될 만한 일들로, 우리가 생각하는 선진국인 영국의 모습이라고 쉽게 상상하기 힘들다(여러 분도 뉴스를 접하셨다시피, 영국이 겪었던 실수를 현 보수정부는 KTX 민영화를 통해 답습하려는 모습을 보이고 있다). 이 모든 것이 민간 기업의 경우에는 공공 서비스 제공보다 우선 눈앞의 이윤을 추구하는데 목적이 있기 때문이다. 따라서 보수정부와 정당이 추진하는 공기업의 민영화는, 제대로 잘 운영되고 있는 공기업들을 영국과 같은 상황으로 바꿔 국민들에게 고통을 줘야 한다고 주장하는 것과 다름이 없다. 공기업 운영의 효율성제고 방안은 민간 기업으로의 매각이라는 손쉬운 방법에서 찾을 것이 아니고, 기업 감사와 평가강화 등 여러 다른 제도적 개선에서 찾아야져야만 한다.

양날의 칼,
자유무역협정

현 보수정권인 이명박 정부에서 의욕적으로 추진하고 있는 주요 경제 정책 중 또 다른 하나는 바로 활발한 양자 간 자유무역협정의 체결이다. 그 대표적인 것이 바로 유럽연합과 체결한 자유무역협정으로 지난 2011년 7월 1일 이미 발효 되었다. 또한 지지자들의 온갖 반대를 무릅쓰고 미국과의 자유무역협정을 추진하여 이를 타결시킨 사람은 노무현 전 대통령이지만, 그 비준을 위해 목숨 걸고 전투적으로 싸운 집단은 바로 새누리당(옛 한나라당)이라는 보수정당과 현 정권이다. 비록 대한민국은 내수시장이 작고, 변변한 부존자원조차 없기에 경제성장과 도약을 성취함에 있어서 해외와의 국제교역이 차지하는 비중과 중요성에 대해 필자는 반론을 제기하고 싶지 않다. 하지만, 자유무역협정이야말로 절대 선이며, 가급적 많은 국가와 많은 자유무역협정을 체결하여 무조건적으로 교역량을 늘리는 것만이 대한민국의 살 길이요, 민족번영의 지름길이라고 생각하는 보수정당의 인식에 대해서는 확실하게 선을 긋고자 한다.

특히 필자는 '새누리당(옛 한나라당)과 보수집권세력이 일본과 중국과의 자유무역협정 체결을 추진하려고 들지 않을까' 라는 우려를 늘 갖고 있다.

우선 중국과 관련하여 논의해보기로 하자. 현재 대한민국은 중국과의 교역에서 엄청난 규모의 무역흑자를 시현하고 있어, 일견 얼핏 보기에는 중국과의 자유무역협정 체결이 대한민국의 국부에 상당한 도움이 될 것처럼 생각된다. 더욱이 대한민국의 소비자들은 '중국산 = 저가의 불량품' 이라는 이미지와 사고방식을 가지고 있어서, 설령 자유무역협정을 체결하더라도 중국으로부터의 수입이 급격하게 늘어나지 않을 것처럼 여겨질 수 있다. 하지만 중국을 가보신 분들은 느끼셨겠지만, 과거 대한민국이 그랬던 것처럼 중국은 매년 눈부신 경제성장을 이룩하고 있어 공항에 내리는 순간부터 그 발전상에 눈이 휘둥그레질 지경이다. 실제 글로벌시장에서 중국은 대한민국의 주력 수출산업들과 경쟁관계를 형성하고 있으며, 많은 부문에서 우리를 이미 따라잡았거나 추격해오고 있다. 필자 역시 중국과 자유무역협정을 맺으면 당장은 수출이 촉진되고 무역흑자 폭을 확대시킬 수 있다는 사실에는 부정하지 않는다. 하지만, 중국이 언제까지나 대한민국을 따라오는 후발주자로 머물러 있지 않을 것이며, 이러한 관점에서 중국과 체결한 자유무역협정은 장기적으로 먼 미래에는 부메랑이 되어 대한민국에 되돌아 올 수도 있다는 점을 간과해서는 곤란하다.

일본과의 자유무역협정 체결은 더더욱 신중하게 접근할 필요가 있다. 모든 국민들이 알고 있는 것처럼, 중국과 달리 일본과는 매년 큰 규모의 무역적자를 시현하고 있으며, 중국과의 교역에서 벌어들인 외화를 일본과의 교역에서 발생한 적자를 메우는데 쏟아 붓고 있는 실정이다. 일본과의 자유무역협정을 서두르기 이전에, 만일 자유무역협정을 체결하더라도 수입량이 급격하게 늘지는 않을지, 양국간 자유무역협정이 기존 일본으로부터의 중요부품의 수입을 확대시키지는 않을지, 협정을 맺음으로써 우리가 얻을 수 있는 혜택과 이익은 무엇인지를 면밀하고 세밀하게 살펴볼 필요가 있다.

사대주의적인 외교행태를 버려야

자유무역협정에 관해 이야기하는 김에, 온 세계의 웃음거리가 되면서까지 새누리당(옛 한나라당)에 의해 국회에서 날치기 통화된 미국과의 협정과 그 과정을 짚어보자고 한다. 이를 위해서는 미국과의 소고기 협상으로 거슬러 올라가서 얘기를 진행해야 할 것 같다. 혹시 이명박 정부는 부인할지 모르겠으나, 미국에게 대한민국의 소고기 시장을 개방한 가장 근본적이고 주요한 이유는 한미 FTA에 대한 미국의회의 비준을 용이하게 하기 위함이었다고 필자는 생각한다. 즉, 미국산 소고기의 수입개방을 정부가 허락함으로써 한미간 FTA 협정내용에 대해 불만을 갖고 있는 미국 측 인사들의 마음을 누그러뜨리고자 하는 의도가 있었으리라 본다. 하지만 한미 자유무역협정의 비준을 쉽게 하기위해 사용한 도구가 국민의 건강을 담보로 했다는 점에서 치명적인 문제가 있다. 오죽했으면, 유모차에 아기를 태우고 주부들이 촛불을 들고 거리로 나왔으며, 어린 학생들이 조용히 도서관에서 공부하는 대신 "이명박 OUT" 이라는 구호를 외쳤겠는가? 국민들도 여러 차례 다양하게 진행된 토론을 시청해서 아시는 바와 같이, 보수진영 학자들은 미국산 소고기를 먹어서 광우병에 걸릴 확률이 비오는 날 벼락맞아 죽을 확률과 같기에 안전하다고 주장하였다. 역설적으로 이 말은, 비오는 날 벼락 맞아 죽을지 모를 만큼 적은 확률이지만, 만에 하나 미국산 소고기를 먹고 광우병에 걸릴 수도 있음을 의미한다. 만일 미국산 소고기를 먹어 5천만 국민 중 단 한 명만이라도 혹여 광우병에 걸릴 수도 있음을 생각한다면, 정부는 절대 수입기준을 완화하지 말았어야 했다. 그 광우병에 걸릴 수 있는 국민의 수가 그저 한 명일지라도, 미국산 소고기가 상대적으로 저렴하기에 그 광우병에 걸릴 국민이 중산층 이하일 것이라고 여겨지더라도, 모든 대한민국 국민의 생명은 존엄하며, 정부는 어떠한 압력에도 국민의 건강과 생명을 반드시 지켜야할 의무가 있다.

촛불집회의 폭풍이 잠시 사그라지고 그 후 시간이 지나자, 새누리당(옛 한나라당) 모 여성의원은 “미국산 소고기를 먹으면 광우병에 걸릴 것이라고 주장한 사람들은 모두 어디에 숨었느냐?”고 목소리를 높인 바 있다. 이 얼마나 우매한 발언인가? 일반적으로 알고 있는 한 광우병의 잠복기는 최장 10년인 것으로 알려져 있다. 지금 미국산 소고기를 먹고 혹시라도 불행히 광우병에 걸린다면, 10년 뒤에나 실제 그 증상이 나타날 것이다. 따라서 지금 당장은 어느 누구도 광우병에 걸렸다는 사실 자체를 알 수도 없는 것을 당장 증상이 나타나는 사람이 없다고 안전하단다. 보수정당 사람들은 막상 10년 뒤 대한민국에 광우병 환자가 발생하면, 그 환자가 미국산 소고기를 먹어 광우병에 걸렸다는 증거를 내놓으라고 하지 않을까?

대한민국을 촛불이 뒤덮고, 소고기 개방을 용인한 협정내용을 개정할 것을 요구하는 국민적 열망이 커져만 갈 때도, 이명박 정부는 이미 맺은 협정에 대한 재협상을 요구할 경우 국제사회의 대한민국에 대한 신뢰성에 타격을 입힐 것이라고 주장하였었다. 만일 당시 명박산성을 국민의 힘으로 무너뜨리지 않았더라면, 우리 정부는 미국의 눈치만 보다 조용히 꼬리를 내렸을 것이다. 그런데 미국은 어떠한가? 정부간 이미 합의하여 조인한 한미 자유무역협정 내용이 자신들에게 불리한 것으로 여겨지자, 당당히 우리나라 정부에 재협상을 요구하였다. 미국은 재협상을 요구해도 국가적 신뢰성에 문제가 발생되지 않으며, 대한민국은 재협상을 요청하면 국제사회의 조롱거리가 된다는 말인가? 미국이 재협상을 요구하자, 정부의 태도는 어떠했는가? 협정문구의 토시 하나 바꿀 수 없다던 정부는 이내 쉽게 굴복하고 미국과 재협상을 해주고야 만다. 대한민국의 정부 관료는 대한민국에서 월급을 받는 사람들인가, 아니면 미국의 대변자인가? 필자는 미국과 같은 거대 선진국은 해도 되고 우리는 하면 안된다는 이러한 대한민국 정부의 태도야 말로 사대주의의 극치요 굴욕적 외교행태의 전형적인 모습이라고 생각한다.

또 기껏 재협정을 한 내용은 어떠한가? 애초 한미 자유무역협정은 농업부문과 서비스업 부문에서 예견되는 불이익과 타격에도 불구하고, 자동차 산업으로 대표되는 수출증가분이 손실을 상쇄할 수 있을 것으로 여겨졌었다. 하지만, 언제고 미국정부가 원할 때는 한국산 자동차 수입규제를 할 수 있는 '세이프가드' 조치를 허용함으로써 이젠 이러한 이익도 더 이상 기대할 수 없게 되었다. 당시 이미 유럽연합과의 자유무역협정을 체결함으로써 미국입장에서는 가만히 있으면 한국시장이 유럽연합에게 선점될 수도 있는 상황이었고, 따라서 애가 더 타야할 당사자는 대한민국이 아닌 미국이었음에도 보수정부는 이러한 요구를 굴욕적으로 꼭 수용해야만 했었는지 그 이유가 무척 궁금하다. 만일 진보정당이 다수당이 된다면 반드시 재협상을 통해 이미 제기된 여러 독소저항을 제거하고 국익을 도모해야 할 것이다.

농업부문의 경쟁력 개선

쌍무간 자유무역협정의 체결이 늘어나면 늘어날수록 가장 타격을 받을 수 밖에 없는 분야중 하나가 농업부문이다. 또한 대한민국이 통상 국가를 지향하는 이상 자유무역협정 체결의 증가는 피할 수 없는 운명인 듯하다. 따라서 지금은 우리가 어떻게 하면 농업부문의 경쟁력을 개선하여 그 피해를 최소화할 수 있을 것인지에 대해 심각히 고민하고 중지를 모아야 할 시점이다. 특히 보수 세력은 경쟁이 발전의 근원이요 사회진화의 시발점이라고 보는 견해를 가지고 있기에, 개인의 경쟁, 기업간 경쟁, 그리고 산업간 경쟁을 최선의 미덕으로 생각할지 모르겠으나, 진보진영은 다함께 잘 사는 사회, 사람답게 사는 사회, 공존 공영하는 사회를 지향하기에 상대적으로 경쟁력이 부족한 산업분야를 특히 보듬어야할 책무가 있다고 생각한다. 그렇다면 어떠한 정책이 농업부문을 살릴 수 있는 길이 될 것인가? 이 질문에 대한 해답을 필자는 네덜란드의 예에서 찾고자 한다.

혹자는 향후 전개될지 모를 식량의 무기화를 우려한다. 그러한 점에서 식량증산과 자급화의 노력을 게을리 하지 말아야 할 것을 당부하고 주장한다. 필자도 이 의견에 기본적으로 동의한다. 하지만, 그와 더불어 대한민국 농업부문의 경쟁력 향상을 위해서는 "대한민국!"하면 명확히 떠올릴 수 있는 특성화된 작물의 재배를 정책적으로 육성하고 개발할 필요성을 역설하고 싶다. 현재 우리의 농업상황은 어떠한가? 정보전달과 공유가 제대로 되지 않아, 마늘재배로 인한 수익이 증가했다고 소문이 돌면 너나 할 것 없이 마늘을 재배해서 실제 수확할 때쯤에는 가격이 폭락하고, 배추파동이 일고나면 갑자기 재배량이 폭증하여 결국에는 멀쩡한 배추를 수확하지 못하고 갈아엎어야 하는 상황의 발생이 반복적이고 지속적으로 발생하고 있다. 수확하는 인건비도 건질 수 없어 차라리 갈아엎어 버리고 마는 이런 안타까운 일이 벌어질 때마다 땀 흘리며 실제 지방에서 농사를 짓고 계시는 아버지 · 어머니를 떠올리게 되어 필자는 마음이 편치 않다.

새로운 자유무역협정이 체결되어 농업부문의 타격이 추가로 예견될 때마다, 그 때마다 일시적인 보조금 지급을 생각할 것이 아니라, 근본적인 대안과 해결책을 모색해야 한다. 대한민국의 농업경쟁력은 네덜란드의 모델을 따라가야 한다고 생각한다. 대한민국을 대표하는 특용작물이 원예이어도 상관없고, 특별한 농작물이어도 관계없으며, 특정 농작물을 활용한 1차 가공품이어도 좋을 듯하다. 그 무엇이 되었든, 진보진영의 관련 전문가가 고민하고 숙고하여 그 어떤 외풍과 충격에도 굳건할 수 있는 경쟁력 있는 대한민국 농업으로 환골탈태 시켜야 한다.

북한과의 경제협력

등잔 밑이 어둡다고 했던가? 다른 나라들과의 자유무역협정을 지속적으로 체결하여 교역량의 양적인 규모를 늘리고, 해외투자를 활성화하는 것보다도, 북한과의 경제협력을 확대시키는 것이 대한민국의 성장을 도모할 수 있는 가장 확실하고 빠른 지름길이라고 본다. 국제화가 진척됨에 따라, 앞서 자세하게 언급한 것처럼 정부는 양자간 혹은 다자간 자유무역협정의 체결을 서두르고 있으며, 기업은 직접투자를 통해 해외시장의 값싼 노동력과 자원을 활용하여 궁극적으로는 생산된 제품의 경쟁력을 개선하기 위한 노력을 경주하고 있는 것이 최근의 두드러진 모습이다. 그런데 해외시장에 투자하는 것보다 이를 북한에 투자하면 어떨까?

필자는 국제경영을 전공하고 박사과정을 취득했으며, 대학에서 이를 가르치면서 밥벌이를 하고 있기에 해외직접투자와 관련해서는 누구보다도 전문가라고 자부한다. 해외직접투자를 통한 국외시장진출은 흔히 자국에서 행하는 생산 및 영업활동보다 상당한 위험을 동반한다고 일컫곤 하는데, 그 이유는 여러 가지가 있을 수 있지만 무엇보다도 언어와 문화적인 차이에서 근본원인을 찾을 수 있다. 즉, 언어적인 차이로 인해 기업의 전략과 관리자의 의사가 종업원들에게 제대로 전달되지 않고 왜곡되는 경우가 비일비재하며, 문화적인 차이로 인해 투자기업과 현지인들간 상호 갈등과 반목이 깊어지는 사례도 어렵지 않게 찾을 수 있다. 이러한 점에서 같은 언어를 공유하여 커뮤니케이션 문제가 발생하지 않고 동일한 문화적 특성을 갖고 있는 북한이야말로 최적의 투자처가 아닐까 하는 생각이 든다.

그 뿐만 아니라, 북한에는 값싼 노동력과 자원이 풍부하게 매장되어 있다. 특히 대한민국 국민들이 그러한 것처럼, 북한사람들 역시 그 누구보다 근면 성실하며, 하나를 가르치면 열을 깨우치는 명석함을 갖추고 있다는 사실을 부인하는 분은 없으리라 여겨진다. 그것이 전부가 아니다. 앞서 말한 미국과의 자유무역협정을 체결하면서, 북한에서 생산되는 제품 또한 한국산으로 인정받기로 했기에 우수한 품질의 제품을 생산하여 미국시장에 판매하는 것이 더욱 용이해졌다. 이는 곧 미국시장에서 한국기업의 경쟁력이 획기적으로 개선됨을 의미하며, 궁극적으로는 대한민국 국가경쟁력의 향상으로 이어질 수 있음을 뜻한다. 북한의 입장에서도 한국기업에 의해 북한사람들이 고용되면 임금을 받을 것이고, 고용 및 임금증가로 인한 소비확대는 북한 내수시장의 활성화를 촉진할 수 있어 북한에 대한 한국기업의 투자는 모두에게 공히 윈-윈 전략이 될 수 있다.

다만, 양국간 정치적 긴장관계가 경제협력을 저해하는 심각한 장애요인이 될 수 있으나, 보수정당이 어떻게 행동하든 진보정당은 정치와 경제를 철저히 따로 구분하여 다르게 접근할 필요가 있다(북한 역시 국제사회에서 정식 하나의 국가로 인정받아, 남북한이 유엔에 동시 가입되어 있으며, 이 점에서

“양국”이라는 표현을 사용하였다). 다시 말하면, 한국과 북한간 정치적인 대결상황이 양국의 경제협력에 영향을 미치도록 방관해서는 안 되며, 정경을 분리하여 어떤 상황이 발생하더라도 경제협력 관계만큼은 정치와 별개로 따로 떼어 고려되어져야 한다. 이러한 관점에서, 현재 중단되어 있는 개성공단 운영의 재개가 시급히 이루어져야 할 것으로 여겨진다. 마지막으로 경제협력의 정당성에 대해 한 가지 더 부연한다면, 만일 북한과의 통일이 언젠가는 반드시 이루어야할 민족의 숙원이라고 생각할 때, 향후 발생할 엄청난 통일비용을 조금이라도 줄이기 위해서라도 경제협력을 통해 북한경제를 구제하는 것은 선택이 아닌 필수사항임을 주장하고자 한다.

햇볕정책 혹은 비바람정책?

보수진영은 북한과의 통일시기를 앞당기기 위해서는 진보진영에서 주장하는 "남북한 협력관계" 조성이 아니라 북한을 아예 "고사시키는 전략"을 추진해야 한다고 역설한다. 즉, 나그네가 길을 가는데 따뜻한 햇볕을 쬐어 줄 것이 아니라, 강한 비바람을 쏟아 부어 탈진시켜야 한다고 역설한다. 이들의 논리에 의하면, 김정일 국방위원장 사후 북한은 걷잡을 수 없는 혼란과 혼돈을 겪을 것이며(실제 아주 최근 김정일 국방위원장이 사망했다), 북한에 대한 지속적인 고사전략은 북한이 스스로 붕괴되는 것을 촉진시킬 것이고, 이때가 북한을 흡수통일 시킬 수 있는 절호의 기회가 될 것이라고 설명한다. 그러한 예상에도 불구하고 만약 북한과의 경제협력을 추진한다면 중요한 통일기회를 실기함은 물론 북한의 생명을 연장시켜주는 역할을 할 것이라고 강조한다. 그러나 과거 김일성 주석 사망 시에도 보수진영은 같은 논리를 펴며 북한붕괴를 예언했으나, 현실은 어떠했는가? 이들의 주장대로 북한이 스스로 붕괴되었는가? 마찬가지로 김정일 국방위원장이 사망했다고 해서 북한이 내란이나 극심한 내부혼란을 겪을 것이라는 증거는 지금껏 어디에도 나타나지 않고 있다. 김정일 국방위원장은 그의 아들이자

후계자인 김정은이 원활히 권력이양을 받아 그의 사후에도 큰 문제가 발생하지 않도록 미리 철저하고 주도면밀하게 계획하여 실천했을 것으로 여겨진다. 이러한 점에서 우리는 나그네에게 온갖 비바람을 쏟아 부어 옷을 꽁꽁 여미게 할 것이 아니라, 강력하고 따뜻한 햇볕을 쬐게 하여 스스로 옷을 벗게 도와야 한다. 다시 말하면, 북한을 옴짝달싹 할 수 없도록 옥죄고 고립시킬 것이 아니라, 자신들의 발로 개혁개방이라는 길에 들어설 수 있도록 지원과 도움을 아끼지 말아야 한다.

보수 세력들은 진보진영이 정권을 가지고 있을 때 북한에 소위 '퍼주기'를 일삼았다고 비난한다. 심지어는 북한에 많은 쌀을 지원함으로써 그것이 핵무기를 만드는 자금이 되었다고 주장한다. 참으로 어처구니가 없다. 여러분들이 만약 북한의 지도자라고 상상해보자. 국민들은 배가 고파 굶주리고 여기저기 굶어죽고 있는데, 여러분 같으면 그 쌀을 팔아 그 돈을 군비확충과 핵무기 제조에 사용하겠는가? 최소한 정신이 제대로 박힌 한 국가의 정치지도자라면 그러한 사람은 없을 것이라고 확신한다.

얼마전 연평도 포격사건이 있었다. 과거 진보진영이 정권을 잡고 있던 시기인 김대중, 노무현 대통령 재임기간에는 혹시나 북한과 전쟁이 발발하지나 않을까 걱정할 필요는 없었다. 하지만 불과 몇 년이 지나지 않아, 이명박 정권이 들어서면서 늘 북한과 긴장관계가 조성되고, 제2의 6 · 25 전쟁이 터지지나 않을지 가슴을 쓸어내리며 항상 노심초사해야 했다. 연평도 사건이 발생했을 때도, 이명박 대통령은 "전쟁을 불사해서라도 우리 대한민국의 힘을 보여줄 것이며, 북한에 대해 가만히 좌시하지 않겠다"고 목소리를 높였었다. 전쟁이 안 났기에 망정이지, 그러다가 만약 이 땅에 정말

제2의 6 · 25전쟁이라도 터지는 날엔 민족의 공멸에 대해 누가 책임질 것인가? 이명박 대통령이 책임질 것인가? 제 정신이 아닌 사람에게, 너는 제 정신이 아니라고 핏대 높이고 가만두지 않겠다고 호언하는 것은 같이 싸우자는 얘기밖에 되지 않는다. 제 정신이 아닌 사람을 만났을 때 슬기롭게 그 상황을 모면하고 오히려 피해나가는 것이 더 지혜로운 사람이 해야 할 행동이라고 생각된다. 무역협정이나 독도문제 등 주변 열강과 외교적 사안이 발생했을 때는 '찍' 소리 못하는 대한민국이 북한이 관계된 일에 대해서만 갑자기 어디서 그런 목소리를 낼 용기가 나오는지 모르겠다.

힘들어도 인내심을 갖고 우리는 북한이 개혁개방의 길로 들어설 수 있도록 늘 타이르고 구슬려야 한다. 혹자들은 북한은 변하지 않는데 왜 우리만 잘 해줘야 하냐고 반문한다. 또 어떤 이들은 북한의 인권개선이 호혜적 지원의 선행조건이라고 지적한다. 일부 다른 사람들은 북한정권은 도저히 믿고 신뢰할 수 없는 족속이라고 비난한다. 이러한 온갖 문제에도 불구하고, 햇볕정책을 통해 어떻게 해서든 조금씩 조금씩 새로 집권한 김정은 정권을 개혁개방의 길로 안내해야 한다. 북한이 자신들의 문호를 개방하고 북한 국민들이 바깥세상을 좀 더 자유롭게 볼 수 있게 될 때 북한의 변화, 인권개선, 정치적 신뢰 등 앞서 걱정했던 사안들 모두 자연스럽게 눈 녹듯 해결될 것이다. 이미 언급한 것처럼, 북한에게 따뜻한 햇볕을 쬐어주면서 인내심을 갖고 지켜보기로 하자.

남북 통일방안

필자가 중고등학교에 재학 중일 때, 대한민국의 통일방안은 남북한이 자유로운 비밀투표를 하여 자유민주주의와 사회주의 중 다수의 국민이 원하는 한 체제를 선택하는 것이라고 배운 바 있다. 그리고 필자가 알고 있는 한 이것이 보수진영이 합의한 대표적인 통일방안이다. 국민 대다수의 민의가 반영된다는 점에서 일견 얼핏 보기엔 대단히 합리적이고 바람직한 의견으로 여겨질 수 있다. 하지만 중요한 사실 하나를 간과하지 말아야 한다. 남한의 인구는 약 4천8백만 명이고, 북한의 인구는 약 2천 3백만 명으로 북한은 남한인구의 절반이 채 되지 않는다. 이러한 상황에서 남북한 국민투표가 시행된다면 그 결과는 뻔하지 않는가? 보수진영의 통일방안은 북한이 미치지 않고서야 도저히 수용할 수 없는 제안인 셈이다.

반면에 진보진영의 통일방안은 무엇인가? 이에 대해서 진보진영의 고뇌어린 단일 통일방안은 아직 수립되지 않은 것으로 알고 있으나, 김대중 대통령은 그의 자서전[3)]을 통해 앞으로 진보진영이 추진해 나가야 할 통일과정

---

3) 김대중(2010), 김대중 자서전, 서울: 문형사.

과 방법을 소개한 바 있다. 우선 대한민국은 북침이나 북한에 대한 흡수 통일을 절대로 하지 않겠다는 확실한 약속을 해야 한다. 반면 북한 역시 대한민국이 남침이나 적화 통일에 대한 불안감을 갖지 않도록 확신을 줘야한다. 남북 기본 합의서에 합의한 대로, 양국은 불가침 문제를 다루기 위한 군사공동위원회를 개최하여 우발적 무력 충돌 방지 대책을 비롯하여 군비 통제 문제 등을 협의해 나가야 한다. 대한민국은 미국에게 북한에 대한 경제 제재 조치를 해제토록 권유하고 북미간 외교관계 수립을 지원해야 하며, 일본에 대해서도 북한과의 관계 정상화를 촉구하고 그 방안에 대해 깊은 대화를 나눠야 한다. 양국은 연합제 통일방안을 지향하되, 당면하게는 '낮은 단계의 연방제' 부터 시행하여 2체제 2정부의 협력 형태를 갖춰야 한다. 즉, 남북한이 각각 군사권과 외교권을 가진 주권국가들의 협력 형태를 띠면서 통일 이전단계에서 남과 북 두 정부가 서로 통일을 지향하며 서로 협력하기 위한 제도적 장치를 마련해야 한다(김대중 자서전 참조). 서두르지 말고 시간을 가지면서 서로를 조금씩 이해해가고 당면한 문제들을 하나씩 풀어가는 과정 속에서 조심스럽게 통일의 길로 서서히 진입해야 한다.

고위공직자비리수사처

남북한간 관련된 일련의 거시적인 논의로부터 국내 정치로 시선을 잠깐 돌려보고자 한다. 이를 위해 혹시 뜬금없이 들릴지 모르지만, "고 노무현 대통령은 과연 성공한 대통령인가 아니면 실패한 대통령인가?" 라는 질의를 드리고 싶다. 필자는 개인적으로 노무현 대통령이 재임기간 중 다방면에 걸쳐 많은 노력을 했음을 알고 있음에도 불구하고, 벌여놓아 긁어 부스럼만 만들었지 제대로 마무리 지은 개혁조치가 드물다는 점에서 그에게 높은 점수는 주기 어려울 듯하다. 그 예로 대표적인 것이 언론개혁이 그러했으며, 열린우리당 창당을 통한 지역감정 해소노력이 그러했고, 고위공직자수사처의 설치가 또한 그러했다. 집권기간 내내 언론과의 진흙탕 싸움을 벌임으로써 오히려 언론의 화살을 만신창이가 되도록 맞아야 했으며, 이로 인해 참여정부의 대국민 이미지가 훼손되고 크게는 진보진영에 누를 끼쳤다. 민주당을 깨고 열린우리당을 창당하면서 영남을 아우르는 진보진영의 전국정당화를 지향했으나, 이 역시 성과 없는 노력으로 끝났다. 특히 고위공직자수사처는 그 사안의 중요성에도 불구하고, 또 검찰의 로비와 국회의원들의 기득권 유지를 위한 이기적인 행위가능성이 충분히 예측되었음에도 불구하고 이를 설득하거나 극복하지 못하였다.

주지하는 바와 같이, 우리나라 검찰은 때론 정치적 중립성에 의구심을 갖게 하는 수사행태를 보이는 경우가 다반사이고 권력으로부터 자유롭지 못한 모습을 보이는 경우도 흔히 있어 정치검찰의 오명을 뒤집어쓰곤 한다. 그 대표적인 예를, 고 노무현 대통령의 케이스에서 찾아본다. 검찰은 정권이 바뀌자 어떤 이유에서인지 그 칼끝을 고 노무현 대통령에게 겨누기 시작한다. 죄명은 고 노무현대통령의 부인과 아들이 '태광실업'이라는 중소기업의 박연차 전 회장으로부터 뇌물을 받았고, 이를 고 노무현대통령이 모르고 있었을리 없다는 추측을 근거로 이는 곧 고 노무현대통령의 뇌물수수를 의미한다는 주장이었다. 이로 인해 최고의 덕목으로 여겼던 도덕성에 치명적인 타격을 입은 고 노무현대통령은 사저 뒤 부엉이바위에서 몸을 던짐으로써 국민 앞에 속죄하는 비극을 낳게 되었던 바 있다. 필자는 실제 고 노무현대통령이 그가 주장했듯 그 사실을 실제 직전까지 몰랐을 것이라고 믿는다. 그럼에도 검찰의 무리하고 불합리하며 불공정한 수사가 선거를 통해 선출된 정통성 있는 한 대통령이, 본인이 받은 것도 아니라 가족이 그러했다는 이유로 투신자살을 하게끔 하는 대한민국 역사상 유례없는 비극과 놀라움을 국민으로 하여금 경험케 하는 상황을 만들었다고 본다.

반면, 그 이후 현 정부의 검찰총장 후보자(실명은 거론하지 않기로 한다)는 청문회에서 다음과 같은 상황을 국민들에게 보여주었다(현 정부에서 고위공무원으로 지명된 후보자들은 하나같이 비리 투성이다. 어쩌면 비리가 있는 사람만 골라서 추천하는 듯도 싶다. 국민들은 '다 그 놈이 그 놈'이라는 말로 자포자기 하지만, 난 도덕적으로 청렴한 능력 있는 무수히 많은 인재들이 대한민국에 있다고 믿는다). 즉, 별로 잘 아는 사이도 아니라면서 기업인 박 모 씨로부터 15억5천만 원을 빌리는 과정에서 차용증도 없이 7억5천만 원을 빌린 경위를 전혀 해명하지 못했으며, 특별한 관계가 아니라고 변명하던 박 모 씨와 후보자가 골프여행을 비롯해 해외여행을 수차례 함께 다녀오고, 후보자의 배우자와 박 모 씨가 같은 날 고가의 면세품 쇼핑을 한 사실을 당시 야당 의원이 날짜와 장소까지 제시하며 구체적으로 추궁해도 우연히 같은 비행기를 탔을 수 있다면서 상식적으로 납득할 수 없는 변명에 그쳤다. 부인이 고가의 가방 등 다수의 뇌물성 선물을 편취하고, 본인 또한 타인으로부터 스폰서를 받았던 정황이 드러났다면 이는 즉각적인 수사 대상이었음에도 불구하고 검찰은 이를 수사하지 않고 조용히 넘어갔다.

동일한 일이 발생했을 때 누구에게는 포괄적 뇌물이고, 다른 누구에게는 대가성이 없는 선물이란 말인가? 이는 곧 검찰조직이 과도하게 비대하고 또 너무 지나친 권력을 갖고 있기에 발생되고 있는 현실이라고 확신한다. 현재 고위공직자에 대한 수사는 검찰의 중앙수사부에서 도맡아 처리하고 있다. 그런데 앞서 언급했듯, 정치와 권력으로부터 자유롭지 못하다고 여겨지는, 또 국민 대다수가 그러하다고 믿고 있는 검찰조직이 고위공무원에 대한 수사를 맡음으로써 상기와 유사한 제2, 제3의 상황이 재발할 수 있다(우리는 실제 이를 흔히 보아오고 있다). 이러한 점에서, 정치적으로 중립적이며, 권력의 눈치를 보지 않을 수 있고, 법의 테두리 내에서 철저하게 객관적이고 합리적으로 비리를 척결할 수 있는 새로운 조직이 절대적으로 필요하며, 이 조직에 국회의원을 포함한 모든 고위공직자에 대한 투명한 수사를 진행토록 맡김으로써 보다 더 깨끗하고 정의로운 대한민국의 구현이 미래를 위해 반드시 필요하다고 믿어 의심치 않는다.

무상시리즈

정치얘기를 하는 김에 요즘 뜨거운 감자가 되고 있는 '무상시리즈' 라는 주제를 논의해 볼까 한다. 논의를 본격적으로 진행하기에 앞서서 그 전에 질문 하나를 드리고자 한다. 보수의 아이콘은 무엇이고, 진보의 키워드는 무엇이라고 여러분들은 생각하는가? 두루 아시는 것처럼, 아주 간단히 말하면 보수는 '성장' 을 강조하고, 진보는 '복지(분배)' 를 중요시한다. 우리나라 보수는 성장을 위해서 때론 인권과 민주주의를 제약할 수도 있으며, 사회적 약자에 대한 배려를 거두고 설령 부정하고 부패한 기득권 계층을 철저히 보호하는 것도 무방하다는 사고를 갖고 있다. 그러한 사실들을 인지하면서도 우리나라 국민들은 과거 힘없고, 가난하고, 배고팠던 역사적인 기억들로 인해 배불리 살고 싶은 욕망, 남 보다 더 잘 살고 싶은 욕구, 그리고 선진국이 되고자 하는 간절한 마음으로 인해 보수를 지지하곤 한다.

그런데 '보수' 는 과연 대한민국의 성장에 얼마나 기여했는가? 90년대 말 외환위기를 발생시켜 수많은 국민들을 길거리로 몰아내고, 비참하게 기업의 문을 닫게끔 했던 정권이 바로 '보수' 정권이다. 오늘날 현 정권은 어떠한가? 이명박 정부는 과거 대선기간동안 국민들의 그러한 열망을 이용하여 747공약(매년 7퍼센트 경제성장, 1인당 국민소득 4만 불, 세계 7대 강국)이라는 슬로건을 내걸고 전폭적인 지지 속에 출범하였다. 그런데 747공약 중 어떤 하나라도 성취한 것이 있는가? 경제는 마이너스가 아니면 다행이고, 집권 내내 경제대신 물가만 매년 7퍼센트 가까이 성장시켰다. 국민들의 국민소득은 늘어나지 않고 제자리에 머물고 있는 반면, 삶의 질은 현저히 떨어지고 팍팍해졌다. 이게 '무능한 보수'가 아니고 무엇이랴? 국민들은 대한민국을 성장시켜줄 것이라고 믿고, 설령 조금 부패해도 눈 감아 주고자 하였으나, 부패한 것만으로도 모자라 무능하기까지 하다.

어느 날 지하철을 타고가다 좌석에 나란히 앉아있는 노부부를 보았다. 그들은 행색이 남루하였고 깨끗한 옷차림은 아니었던 것으로 보이기에 부유한 기득권 부류와는 거리가 있었을 것으로 여겨졌다. 당시 어떤 선거가 있었는지 정확히 기억은 나지 않지만, 무엇인가 전국적인 선거가 있었던 듯하다. 해서 그 분들은 길거리에서 나눠준 이런저런 후보자들의 명함을 한 움큼 받아 손에 갖고 있었다. 당연히 한나라당(현 새누리당) 것도 있었고, 민주당 혹은 여타 진보정당의 공천을 받은 입후보자들의 명함도 받아 들고 계셨다. 할머니가 명함을 보며 민주당 후보를 칭찬하자, 할아버지는 정색을 하고 육두문자를 사용하며 민주당을 욕하셨던 기억이 있다.

어떤 이유로 민주당을 욕하시는지 잘 알아듣지 못하였으나, 이 분들에게 각종 복지혜택을 주고자 보다 더 노력하는 정당은 한나라당(현 새누리당)이 아니다. 우리는 유럽 북반구에 위치해 있는 국가들, 예컨대 노르웨이, 스웨덴 등의 복지수준을 부러워한다. 그러면서도 실제 선거철이 되면 표는 진보정당이 아닌, 보수 수구정당에게 투표를 한다. 이 얼마나 아이러니한가?

앞서의 글에서 말씀드렸듯이, 우리나라의 출산율은 현저히 떨어져 OECD 회원국 중 최저를 기록하고 있다. 우선 아이를 출산하게 되면 여성들 입장에서 사회생활 유지를 고민하게 되는 두 차례 큰 위기가 있다고 한다(앞서 언급한 바 있다). 여러 차례 강조했던 것처럼, 대한민국은 비정상적으로 경쟁이 치열하다. 이로 인해 한 차례 위기는 아이가 본격적으로 경쟁에 뛰어들게 되는 시기인 초등학교 입학을 하면서부터 비롯된다(필자는 초등학교 입학을 경쟁의 시작이라고 본 글을 적으면서도 개탄스러운 마음을 금할 수 없다. 한창 뛰어놀아야 할 시기에 들어가는 초등학교 입학이 경쟁의 시작이라니...). 또 다른 위기는 출산을 하는 순간부터 시작된다. 물론 일단은 육아휴직을 사용하고 시간을 벌겠지만, 언제까지나 직장을 비워두고 아이의 육아에 매달릴 수만은 없을 것이다. 아이가 돌쯤 되면 아직 아기에 불과한 어린애를 떼어놓고 직장에 복직할 것인지, 아니면 사직을 할 것인지 고민하게 된다. 다행히 아이를 봐주실 부모님이 계신 경우는 송구스럽지만 그 분들께 아이를 맡기고 비교적 편안한 마음으로 출근할 것으로 여겨진다. 하지만 부모님이 연로하시거나 건강상의 이유로, 혹은 멀리 떨어져 계셔서 손자 · 손녀를 봐주실 수 없는 경우는 대다수의 국민들이 어떻게 하고 있을까? 비싼 보육비를 부담하면서까지 사회생활을 영위하느니 차라리 귀여운 아이와 함께 있고자 하는 가정은 사직을 선택하거나, 비싼 보육비를 부담하면서 종일 아이를 봐주는 어린이집에 맡기거나 혹은 고액의 보모를 채용하는 수밖에 없을 것이다. 상황이 이렇게 되면, 전자의 경우는 맞벌이를 그만두면서 줄어든 수입으로 인해, 후자의 경우는 비싼 보육비를 감당하기 힘들어 둘째 아이를 낳는 것은 주저할 수밖에 없을 것이다. 후자를 선택한 가정의 경우에도 이미 말한 바와 같이, 아이가 초등학교에 진학하면 다른 아이와의 경쟁에서 내 아이가 뒤처지지 않도록 엄마가 사직을 하고 마는 사례가 비일비재하다. 여성의 능력을 효율적이고 적절하게 활용하지 못하고 사장시키는 사회, 이 얼마나 국가적 낭비인가? 우선 보육시설을 확충하고 무상보육을 실현하여 출산으로 인해 직장을 그만두는 일만은 막아야 할 것이다(현재 어린이집 등 보육비는 사립의 경우 원장 재량에 의해 가격이 정해지고 있어 통제의 사각지대에 있고, 그로 인해 각 가정에 큰 부담이 되고 있음을 보육에 상대적으로 관심이 없는 현 보수정부는 알고 있는 지나 모르겠다). 여성들이 아무 경제적인 부담 없이 아이를 맡기고 편안한 마음으로 사회생활을 유지할 수 있도록, 그럼으로써 그들이 마음껏 능력을 펼칠 수 있도록 보육만은 국가에서 완벽히 책임져 줘야 할 필요가 있다.

무상급식에 대해서 간단히 논의해보자. 이미 서울시민을 대상으로 실시된 무상급식 찬반투표의 과정을 통해 대한민국 국민 모두가 알고 있는 것처럼, 진보 · 개혁정당들은 우리의 아이들이 부자 아빠를 두었는지 혹은 가난한 아빠를 두고 있는지에 관계없이 무상으로 친환경 급식을 제공하고자 하는 반면, 보수 · 수구정당들은 가난한 아이와 부자아이를 나누어 전자에게만 급식을 무상으로 제공해야 한다고 주장하였다. 학창시절에는 사춘기와 한창 고민 많은 청소년기를 거치게 된다(필자는 아직 아이가 어리나, 들은 바로는 요즘 초등학교 때부터 사춘기를 겪는다고 한다). 이러한 민감한 시기에 가난해서 돈을 내지 못하고 밥을 공짜로 얻어먹고 학교에 다닌다고 생각이 들면, 그리고 행여나 부자아이가 "내 돈으로 네가 밥 먹는다"고 말하는 것을 듣는다면 우리 아이들이 얼마나 불행하겠는가? 얼마나 상처받고 창피하겠는가? 이미 서울시민들은 우리 아이들의 먹을거리만큼은 아이들 구분 없이 행복하게 먹을 것을 바라고 이를 선택하였으나, 아직도 새누리당(옛 한나라당)은 민의를 저버리고 이를 거부하고 있으니 정말 답답한 노릇이다.

보육과 급식만이 아니라 교육 역시 국가에서 간과해서는 안 되는 분야일 것이다. 건강한 사회가 되기 위해서는 노력하면 누구든 상류사회에 진입할 수 있는 현실이 만들어져야 한다. 기득권 계층이 자손만대로 그들의 부와 지위를 유지 세습할 수 있는 사회에서는 건전한 노력이 존재할 수 없다. 서민에서 중산층으로 발돋움할 수 없는 상황에서는, 또 중산층에서 상류층으로 절대 진입할 수 없는 국가에서는 그 구성원들에게 성공과 노력에 대한 동기부여를 줄 수 없을 뿐만 아니라, 따라서 그들에게 성실한 노력을 기대할 수 없다. 사람들마다 인생관과 주관이 다를 것이기에 모두 의견이 조금씩 상이할 수 있겠으나, 필자는 제자들을 만날 때마다 인생에서 성공하고자 한다면 꿈을 갖고 노력하는 것이 중요하다고 강조한다. 뚜렷한 목표를 갖고 항상 주어진 환경에서 늘 최선을 다할 때 어느덧 그 위치에 도달해 있는 자기 자신을 발견하게 될 수 있을 것이라고 충고한다. 하지만 난 어쩌면 제자들에게 대한민국의 현실은 그렇지 못한데도 불구하고 거짓 가르침을 주고 있는지도 모르겠다. 아무리 최선을 다해서 노력해도 지금의 현실 속에서는 아주 제한적으로 밖에는 신분상승을 기대할 수 없음을 알고 있음에도 제자들을 현혹시키고 있는지도 모르겠다. 필자가 말한 사회, 필자가 언급한 노력하면 성공할 수 있는 국가가 되기 위한 첫 단추가 무상교육이다. 아무리 가난해도, 아무리 부모님이 경제적으로 능력이 없어도, 본인이 최선을 다하고 노력하면 원하는 좋은 대학에서 무상으로 공부할 수 있는 사회, 또 그것을 발판으로 부모세대와는 다른 상위그룹으로 진입할 수 있는 길이 항상 열려있는 사회가 건강한 국가가 아닐까? 성실한 자세로 매사에 노력하면 언제든 내가 가진 목표를 성취할 수 있다는 것을 대한민국 국민 모두가 당연한 진리로 생각하고 또 그것이 사실인 그 날을 소망한다.

무상교육이라는 길을 가기위한 그 사전 단계가 반값 등록금이다. 보수진영에서는 대학 등록금을 낮출 경우 교육의 질이 떨어지고 선진국과의 등록금 금액을 절대 비교하더라도 결코 대한민국에서의 등록금 수준이 높지 않다고 강변하고 있다. 하지만 국민소득이 서로 다른 상태에서 등록금 총액을 단순히 절대비교 하는 것은 현명한 비교법이 아닐 것이다. 앞서 지적했듯, 우선 부실대학에 대한 신속하고 과감한 구조조정을 단행하고, 조속히 반값등록금을 실현시켜야 한다. 그 후엔 시간이 걸리더라도 장기적으로는 전면적인 대학교육에 대한 무상교육이 이루어져야 할 것이다.

보편적 복지를 주장하는 진보진영과 달리, 보수진영에서는 하위계층만을 대상으로 선택적으로 복지를 시행하는 시혜적 복지를 주장한다(같은 관점에서 새누리당(옛 한나라당)은 무상급식도 가난한 하위 서민에 대해서만 시혜적이고 단계적으로 시행할 것을 주문한 바 있으며, 진보정당들이 강변한 보편적 복지는 이건희 손자와 같이 무상급식이 불필요한 부유한 계층에까지 동일한 혜택이 돌아감으로써 국민들의 혈세를 낭비하는 결과를 가져온다고 사실을 왜곡하기도 하였다. 이 책을 읽는 국민들께서는 아마도 이미 알고 계셨겠지만, 필자가 '새누리당(옛 한나라당)이 사실을 왜국하였다' 라고 적는 이유는 실상 이건희 손자가 다니고 있는 사립학교는 무상급식 대상에서 제외되어 있음을 새누리당(옛 한나라당)당 스스로 알고 있었음에도 사실을 있는 그대로 설명하지 않고 고의적으로 호도한 바 있기 때문이다). 하지만 보수정당이 언급하는 "시혜적"이라는 의미는 누가 다른 누군가에게(동정심을 갖고) 베풀어 준다는 뜻을 담고 있다. 즉, 기득권을 갖고 있는 부유한 상류계층이 그렇지 못한 하층민에게 은혜를 준다는 의미와 다름 아니다. 지금이 조선시대가 아님에도 불구하고, 상류계층이 못가진 하위계층에게 은혜를 베풀듯 일부 복지혜택을 준다는 보수진영의 시혜적 복지라는 발상을 도저히 이해할 수 없다.

국민 모두가 골고루 혜택을 받을 수 있도록 책임감을 갖고 국가는 우선 최선을 다해 노력하고, (과도한 예산 부담 등) 부득이한 경우에 한해서만, 그 대상을 반드시 필요한 사람으로 한정해야 한다. 노력과 시도도 제대로 해보지 않고 편의적으로 시혜적 복지를 주장하는 것은 국가의 책임회피임과 동시에 태만하게 의무를 방기하는 행위와 같다. 필자가 이렇게 주장하면 혹자들은 '정책이란 쉽게 추진하여 실행하고 아니면 그만이라는 식으로 철회할 수 있는 그런 성질의 것이 아니다' 라고 지적할 수 있다. 맞는 말이다. 하지만, 무조건 '안된다' 라고 하지 말고, 전향적인 사고로 적극적인 예산확보 등을 시도해볼 필요가 있다. 보편적인 대학교육에 대한 무상교육을 노력하되, 장기적인 관점에서 국가재성을 고려했을 때 불가피하게 정말 불가피하게 실행이 유보되어져야 한다는 확실한 결론이 있는 경우에 한해서 그때 복지의 대상을 선별적으로 집행해도 늦지 않다. 혹시 예산과 국가재정상의 이유로 모든 대학생에 대한 보편적 무상교육이 불가능하더라도, 서민에 대한 장학금 혜택은 지금보다 대폭 확충되어져야 하며, 학업을 원하는 또 노력하는 학생 그 누구도 재정상의 이유로 교육을 중도포기 해야 하는 학생이 있어서는 안 된다.

진보진영은 또한 무상의료를 시행하겠다는 야심찬 계획을 갖고 있다. 하지만, 무상의료는 무상보육, 무상급식, 무상교육과는 차원이 다른 엄청난 예산을 필요로 할 것으로 예견된다. 솔직히 말해서 필자는 '우리나라의 재정을 해치지 않는 범위 내에서 무상의료가 과연 가능할까?' 라는 의문이 든다. 만약 이를 추진한다면, 영국의 실패사례를 유심히 살펴보고 타산지석으로 삼을 필요가 있다. 즉, 영국 역시 무상의료를 시행하고 있으나, 이를 방만하게 운영함에 따라 의료의 질이 급격히 떨어지고, 국민들은 공적 의료시스템 내에서 합리적이고 제대로 된 의료서비스를 받지 못하고 있다. 이로 인해 정부에서 운용하는 무상의료와는 구분되는 고가의 민간병원이 함께 공존하고, 이것이 사회적 계층을 구분하는 또 다른 도구가 되고 있다.

질병에 대한 예방과 홍보

만약 필자가 진보진영의 정책을 담당하는 위치에 있다면, 앞으로는 무상의료와 치료보다는 질병의 발생 자체를 사전에 선제적으로 차단할 수 있도록 홍보와 예방활동에 주안을 둬야 한다고 강조하고 싶다. 이를 위해 우선 우리나라 음주문화부터 개선하면 어떨까? 며칠 전 학과 내 교수님 한 분과 우연히 교내 커피숍에서 커피 한 잔을 함께 마신 일이 있다. 그 분은 현재 기러기를 하고 계시기에 그 분을 제외한 모든 가족은 미국에 거주하고 계신다. 필자가 그 분께 물었다. “교수님, 교수님은 가족을 보러 방학 때마다 미국에 가시잖습니까? 저는 개인적으로 영국에서 학위를 해서 미국생활이 많이 궁금한데, 미국과 한국 중 어디가 살기 좋으신 것 같으세요?” 그 분이 대답하시길, “글쎄요. 장단점이 있는 것 같아요. 무엇보다 미국에 가면 저부터도 가정에 충실해지는 것 같습니다. 뭐, 밖에서 할 일이 없으니까요. 미국사람들도 퇴근하면 곧장 집으로 오죠. 반면, 한국은 돈만 있으면 놀기 좋잖아요? (웃음) 밤문화도 그렇고... 가정적인 사람은 미국이 살기 좋을 것 같고, 놀기 좋아하는 사람은 한국이 당연히 살기 좋죠.”

필자가 근무하는 한국외대에는 학부에 7+1 제도가 운영되고 있다. 즉, 한국외대에서 7학기를 공부하고 1학기는 자매결연이 맺어져 있는 해외대학에서 공부하고 졸업하는 식이다. 이 제도로 인해 원하는 학생은 거의 대부분 한 학기 정도 미국 등에서 공부하는 편인데, 하루는 학생 한 명이 페이스북에 다음과 같은 글을 올렸다. '미국은 비가 오는데도 불구하고 잔디밭에 스프링클러를 작동시킨다. ㅋㅋ 엄청 낭비가 심한 나라...''

과연 한국이 낭비가 심한 나라인가 아니면, 미국이 낭비가 더 심한 나라인가? 학과 내 그 교수님이 말씀하신 것처럼, 한국은 새벽까지 술을 먹고 흥청거린다. 대한민국 국민 중 남자들의 용돈은 거의 술값이 대부분이라고 해도 과언이 아니다. 그 뿐이랴. 술 먹느라고 지출하는 재정적인 낭비에 더해서, 술로 인해 국민들의 건강이 나빠지는 것은 더더욱 국가적인 낭비라고 아니할 수 없다. 술을 판매하는 시간을 (가령 새벽 2시까지든) 법으로 제한할 필요가 있다. (보수정권이 하는 일만 보면 개인적으론 정말 열불이 터져 홧김에 술을 안 먹을 수가 없지만) 만약 일정시간 이후 술 판매를 금지한다면, 유흥주점 등에서 불건전하고 불필요하게 사용되는 전기를 아낄 수 있는 부수적인 효과도 거둘 수 있을 것이다. 어디 그뿐인가? (국민과 사회적 약자인 여성의 인권에 더더욱 관심을 갖고 보호해야 할 진보정당의 입장에서는) 주로 늦은 밤과 새벽시간에 이루어질 것으로 예상되는 매춘의 가능성도 감소시킬 수 있는 효과도 가져올 것으로 추측된다.

지금 논의하고 있는 주제의 주된 내용과는 사실 크게 관계가 없지만, 필자 스스로도 이 정권으로 인해 많은 스트레스를 받고 그로 인해 술을 찾는 경우가 많다. 며칠 전에는 이명박 대통령이 퇴임 후 머물 사저용도로 내곡동에 땅을 구입했다고 한다(본 발표는 이후 국민들의 저항에 의해 취소되었으나, 보수정권의 도덕성을 보여주는 한 단면이기에 살펴보는 것이 의미가 있으리라 여겨진다). 임기동안 수고한 대통령이 여생을 보낼 사저와 경호 시설을 짓기 위해 땅을 매입한다는데 그 자체를 가지고 비난할 국민은 없을 것이다. 그런데 본인은 스스로 이명박 정권이 역사상 도덕적으로 가장 완벽하다고 주장하면서, 왜 이런 일로 국민들을 분노케 하는지 이해할 수 없다. 첫째, 왜 하필이면 향후 엄청난 개발이익이 예상되는 (야당에서는 100억 원을 예상) 내곡동인가? 왜 하필이면 다른 사람도 아닌 본인이 서울시장 재임시 개발을 풀었던 장소로 가려하는가? 국민들 앞에 본인의 재산을 사회에 환원하는 쇼를 했기에, 그 본전을 내곡동에 사저를 지어 땅값이 오르면 보충할 생각인가? 둘째, 대통령으로서 모범을 보여야할 위치에 있음에도 왜 본인이 들어갈 집을 굳이 아들 명의로 구입하여 부동산실명제를 위반하는 꼼수를 쓰려하는가? 누가 봐도 개발이익을 얻기 전 아들에게 재산을 증여해줄 목적을 갖고 있었던 것으로 보일 수밖에 없다. 셋째, 2011년 10월 13일자 한겨레신문 인터넷 판을 자세히 보자. 대통령의 아들 이시형씨와 경호처는 54억 원을 지급하고 내곡동 사저 터와 경호 부지를 구입했다고 한다. 사저 터는 아들과 경호처의 공동 명의인데, 땅임자한테 일괄적으로 54억 원을 지급한 뒤 이들이 무엇을 기준으로 금액을 분담했는지가 석연치 않다. 결과적으로 대통령의 아들은 대지로 분류된 값비싼 사저 터를 겨우 공시지가의 1.3배에 산 반면, 대통령실은 그린벨트가 대부분인 밭을 사면서 공시지가의 4배를 치렀다. 이것이 상식적으로 납득이 가는가? 대통령 아들의 돈과 국민의 세금을 뒤섞어 땅주인에게 일괄적으로 대금을 지불하고 몇 푼 안 되는 돈을 지불한 대통령 아들에게는 상식적으로 납득할 수 없는 과도하게 넓은 땅의 지분을 준 것은 아닌지 의심스럽다.

넷째, 새누리당(옛 한나라당)이 과거 14억여 원이 들어간 노무현 대통령의 사저를 '아방궁' 운운하며 비난했음을 모르지 않을 텐데, 향후 발생할 건축비를 제외하고도 무려 54억 원을 들여 '울트라 아방궁'을 건설하려고 했던 이유는 무엇인가? 그러고는 미국을 방문하는 동안 교민들을 만나 "대한민국은 시끄러운 나라"라고 했다고 한다. 이제 그만하련다. 얘기하면 할수록 화가 치밀어 먹을건 '술' 밖에 없는 듯하다. 스트레스 받고 술 먹어봐야 내 건강만 나빠질뿐...

하던 얘기나 하자. 최근 장모님이 십이지장 암에 걸리셨다. 진료를 했던 의료진의 설명에 의하면, 십이지장은 거의 회복이 불가능할 정도로 망가진 상태이고 이미 암세포가 간으로까지 전이가 되어 수술을 할 수 없는 단계라고 한다. 집사람의 얘기로는 전부터 장모님이 십이지장궤양이 있으셨다고 하는데 아무래도 관리와 정기적인 검진을 등한이 하셨던 것으로 보여진다. 이 정도까지 암이 발전될 정도라면 상당한 통증과 고통이 있으셨겠지만, 그저 십이지장궤양이 심해진 정도로만 인식하고 계셨던 것으로 생각된다. 만일 조금만 더 사전예방에 관심을 갖고 미리 대처했더라면 지금 같은 상황을 겪지 않아도 되었을 것이다. 특히 연세가 이제 막 겨우 환갑을 지나신 터라 아직 한창 나이이고 사회에 기여할 수 있는 다양한 활동을 하실 수 있는 연령대임에도 이젠 이를 기대할 수 없게 되었다. 필자의 가까운 가족만 살펴보더라도 의료자체 뿐만 아니라 질병을 예방하고 막기 위한 홍보가 얼마나 중요한지를 여실히 이해할 수 있다. 만약 진보 · 개혁정당이 다음 선거에서 집권한다면, 국민 모두가 특히, 가난하고 소외받은 계층이 걱정 없게 치료받을 수 있는 세상을 여는 것도 중요하지만, 그에 못지않게 적극적이고 적절한 홍보 등을 통해 질병의 발병을 선제적으로 막을 수 있는 노력이 필요하다.

대한민국의 담뱃값, 적정한가?

앞서 대한민국의 술 문화에 대해 잠깐 언급하였지만, 담뱃값도 한 번 살펴봐야 겠다. 담뱃값, 과연 적정한가? 대한민국 국민의 건강을 해치는 주된 요인은 이론의 여지는 있지만, 대체로 술과 담배이다. 필자는 대학교에 처음 입학하던 1988년도에 담배를 처음 배워 15년간 피우고 영국에서 박사과정을 공부하던 2003년에 끊었다. 담배를 끊고 몇 년간은 꿈에서 담배를 피우는 모습도 가끔 나타나곤 했었는데, 이것만 봐도 금연이 얼마나 어려운지를 간접적으로 확인할 수 있다. 필자가 영국에서 박사과정을 하던 기간 중에 담배를 끊었다고 하면, 대부분의 사람들은 의아하게 생각한다. 왜냐하면, 담배를 피우는 주된 이유 중에 하나는 스트레스 해소이고 박사를 공부하는 중에 그 어떤 때보다 스트레스를 많이 받았을 것으로 예상되는데, 역으로 스트레스를 가장 많이 받는 시기에 그 해소책을 그만 두었기에 그러하리라 여겨진다. 맞다. 물론 그 당시 건강이 좀 안 좋기도 했지만, 내 인생에 가장 스트레스를 많이 받던 시기가 박사과정을 공부하던 그 때이다. 나보고 다시 한 번 더 박사과정을 공부하라고 하면, 아마도 하지 못할 듯싶다. 그럼에도 담배를 끊을 수 있었던 이유 중 하나는 만만치 않았던 담뱃값에도 기인한다. 영국은 종류에 따라 차이가 있지만 담배 한 갑에 대략 5파운드 가량하며, 이를 원화로 환산하면 약 만 원 정도 된다. 담배 한 갑에 만원... 아마도 대한민국의 애연가들이 듣는다면 화들짝 놀랄 가격이 아닐까 싶다. 하지만 필자는 흡연자들의 저항이 있더라도 우리도 이 정도로는 담뱃값을 올려야 한다고 본다.

담뱃값을 올려야 하는 이유는 셀 수 없이 많다. 예를 들어, 첫째 정부 스스로 국민의 건강을 지켜줘야 한다. 필자가 비싼 담뱃값을 감당하기 힘들어 금연을 결심했듯, 우리도 값을 올린다면 많은 분들이 금연의 길을 시도할 것으로 추측된다. 둘째, 우리나라는 담배에 대해 너무 관대하여, 주변인들에게 많은 피해와 괴로움을 안겨준다. 가령 길거리에서 담배를 피우며 걸어가는 많은 분들이 계신데, 필자의 경우 이런 분이 옆에서 걸어가면 간접흡연뿐만 아니라, 혹시라도 담배 불똥이 내게 닿지 않을까 조마조마한 경우가 한두 번이 아니다. 어떤 분은 담배를 다 피우고 그 불똥을 손가락으로 퉁겨 그 불똥이 지나가는 바로 내 옆에 떨어진 경우도 비일비재하다. 그게 만약 내게 떨어졌다면... 이런 상황을 방관하는 것도 작게는 (비흡연자인 다른) 국민의 인권을 방치하는 것과 다름 아니라고 생각한다. 셋째, 무상보육, 무상급식, 무상교육, 무상의료 모두 좋은데, 그 예산확보에 대한 치열한 고민이 선행되어야 한다. 진보정당에서는 4대강 삽질과 같은 토목건설만 하지 않아도 국민의 혈세를 절약할 수 있고, 이 재원을 국민들 복지에 투자할 수 있다고 설명하지만, 이것만 가지고는 우리가 원하는 복지정책을 쉼 없이 지속적으로 집행하는데 한계가 있다. 국민들의 실생활에 반드시 필요한 식음료 등에 부과되는 간접비를 획기적으로 줄이는 대신 소득에 대한 직접세를 강화하여 빈부격차를 해소하고 부의 불균형을 해소하는 노력과 더불어(보수정권에서는 부자들에게 감세혜택을 주고 부족한 세수를 만회하기위해 식음료 등과 같은 필수품에 눈에 잘 보이지 않는 간접세를 대폭 증대하였다. 서민들의 조세저항을 막기 위한 이러한 정책으로 인해 빈부의 격차는 더 벌어지고, 물가는 올라감으로써 국민 대다수의 생활은 훨씬 더 팍팍해지는 결과를 가져왔다), 담뱃값 등을 인상하여 필요한 재원을 마련할 필요가 있다. 보수 · 수구정당으로부터 표를 의식한 포퓰리즘 이라는 공격을 받지 않기 위해서라도 복지에 충당할 재원 마련에 대한 보다 더 근본적이고 치열한 고민이 그 어느 때보다 필요한 때다.

대기업의 사업영역

그러고 보니 어젯밤 봤던 뉴스가 갑자기 생각난다. 지하철 역사 안에서 (담배 등을 파는) 구멍가게들은 장애인 등 몸이 불편하신 분들에게 생계유지 차원에서 영업을 허가해준 일이 많은데 최근 대기업 계열 편의점들이 이곳까지 침투해 들어옴으로써 그 분들이 가게 문을 닫고 있다는 소식이었다. 어디 이런 모습이 지하철 역사 내 가게들 뿐이겠는가? 동네 구멍가게들도 대형 유통업체들이 설립한 점포들 (SSM)에 밀려 하나 둘 사라지고 있는 것이 우리 주변의 현실이다. 그 분들은 가게 문을 닫으면 어디 가서 뭘 해서 먹고 살라고... 서글픈 일이지만, 대기업이 구멍가게 영역에 손대기 시작한 것은 이젠 차라리 애교로 봐줄 수도 있을 것 같다. 요즘은 심지어 순대, 떡볶이, 치킨장사와 같은 골목상권까지 대기업이 활동범위를 넓히고 있다. 대기업이 손을 대지 말아야 할 분야까지 사업영역을 확대하다보니, 대한민국은 이제 창업자금이 빈약한 서민들은 이들에게 밀려 순대가게, 떡볶이가게 내는 것까지 힘들어지고 있다.

이러한 모습들을 바라보면서, 보수정부와 대기업이 부르짖고 있는 동반성장과 상생이라는 말에 냉소를 금할 수 없다. 진보 · 개혁정당은 우리 주변의 서민들, 예컨대 담배 가게 아저씨, 순대 떡볶이 파는 아줌마, 나물 파는 할머니들을 보호해줄 수 있는 방안을 보다 더 적극적으로 고려해보아야 한다. 진보 · 개혁정당은 코 묻는 돈, 손때 묻은 돈까지 탐하는 탐욕스런 대기업을 제재할 수 있는 현실적인 방법을 서둘러 강구해야 한다. 대한민국이 현대식으로 변화해서 편리해 지는 것도 좋지만, 사회적 약자의 편에 서서 진보와 개혁을 기치로 하고 있는 정당들이 대한민국을 대기업보다는 중소기업과 서민들이 보다 더 잘 살 수 있는, 훈훈한 정이 살아있는 국가로 지켜 줄 것이리라 믿는다.

제 2의 용산참사, 막을 수 있다.

"서민들이 보다 더 잘 살 수 있는 나라"라는 말을 적었더니, 불현듯 경찰 특공대 한 명 외 서민 다섯 분의 목숨을 앗아갔던 과거 용산참사 생각이 난다. 아마도 대부분의 국민들은 2009년에 있었던 용산참사에 대한 기억이 상당부분 지워졌을 것으로 생각되어, 시사IN의 기사내용을 중심으로 그 때 그 사건을 잠시 되짚어 보기로 한다[4].

당시 서울시는 도시정비사업의 일환으로 용산4구역 재개발 사업을 추진하고 있었다. 용산4구역 재개발 사업은 한강로3가 63~70번지 일대 5만 3442m^2를 도시환경정비 차원에서 재개발하는 사업이었다. 이 사업으로 정비가 완료되면 이곳에는 40층 규모의 주상복합 아파트 6개동(493가구, 평형은 164~312m^2)이 들어설 예정이었다. 아래 글을 잠깐 보자.

설을 앞둔 지난 1월23일, 인적마저 뜸해 을씨년스럽기까지 한 길목에서 하

---

4) 아래 내용은 인터넷 포털사이트 네이버와 2009년 2월 3일자 시사IN 인터넷판에서 참조하였다(접속일: 2011년 10월 14일).

나네식당 김부조 씨(67)는 마지막 영업을 했다. 지난 20년간 같은 자리에서 식당을 운영한 그에게 용산은 제2의 고향이나 마찬가지다. 충남 당진이 고향인 김 씨는 그 세대가 흔히 그랬듯 첫아들을 낳고 서울로 올라왔다. 용산에 둥지를 튼 건 용산 시외버스터미널 때문이다. 김 씨는 버스 운전대를 잡았고, 아내는 근처 식당에서 일했다.

1988년 서울올림픽을 앞두고 도시 미관을 해친다며 시외버스터미널이 없어지자, 김 씨도 직장을 잃었다. 김 씨는 지금의 자리에 식당 문을 열었다. 식당 이름을 딸의 별명인 '하나'로 지을 만큼 아내의 손맛에 자신도 있었다. 한때 외환위기 한파로 임차료가 밀리기도 했지만, 노부부에게 하나네 식당은 삶의 버팀목이었다. 식당을 운영해 자식들 뒷바라지를 했고, 결혼도 시켰다. 넉넉하지는 않아도 제2의 고향이나 다름없는 용산은 노년을 보낼 보금자리였다.

그러나 지난해 '도시환경정비사업'이라는 이름으로 날벼락처럼 불어 닥친 재개발 바람에 노부부는 삶의 터전이 뿌리째 뽑혔다. 하나네식당은 지난 1월20일 용산 참사가 일어난 바로 뒤쪽 구간의 건물에 있다. 마지막 영업을 하던 김 씨는 가끔씩 용산 참사가 일어난 남일당 빌딩을 바라보았다.

이번 참사로 숨진 이상림 씨나 양회성 씨(55)도 빚까지 내며 투자한 돈을 보상받지 못해 망루에 올라갔다. 이 씨는 지난해 3월 3억 원가량을 투자해 호프집 문을 열었다. 17년 동안 갈비 집을 운영하다 아들 충연 씨(35)와 함께 종목을 바꿔 호프집을 열었지만 2개월 만에 상가를 비워달라는 통보를 받았다. 당연히 영업보상금에는 호프집을 새로 열며 들어간 인테리어 비용 등이 포함되지 않았다. 여의도에서 일식집을 운영하다 5년 전 빚을 내 용산 4구역에 복집을 차린 양회성 씨도 마찬가지다. 당시 보증금 8000만원에 상가를 빌려 수리비로 7000만원, 시설 투자비로 5000만원을 썼다. 하지만 그에게 쥐어진 보상금은 5000만원이 전부였다.

이번 참사로 숨진 이상림 씨(71)는 김 씨의 고향 선배다. 이 씨는 그에게도 전국철거민연합(이하 전철연) 가입서를 내민 적이 있다. 그러나 김 씨는 건강이 좋지 않아 싸움을 포기했고, 전철연 가입도 거절했다. 대신 그는 재개발 조합 쪽이 내민 이주 합의서에 도장을 찍어줬다. 세입자인 김 씨가 20년간 뿌리를 내려온 곳을 비워주는 대가로 조합 쪽이 제시한 보상금은 2300만원이었다. 김 씨는 울화가 치밀었고 조합에 항의해 그나마 300만원을 더 받아냈다. 김 씨는 "내 손에 들어온 보상금 2600만원으로는 이곳을 떠나 식당 자리 구하는 것 자체가 어렵다"라고 말했다. 다른 곳에 식당을 내려면 보증금 외에 권리금이나 시설 투자비가 추가로 들어가야 하는데 결국 빚을 져야 가능하다. 김 씨는 남일당 건물을 바라보며 "우리도 건강했으면 저 망루에 올라갔을지도 모르겠다. 염라대왕이 좀 더 늦게 오라고 했던 것 같다"라고 말했다.

김 씨가 2600만원을 손에 쥔 채 길거리로 내쫓긴 것은 관련 법규가 세입자 보호막 구실을 하지 못한 탓이 크다. 현재 '공익사업을 위한 토지 등의 취득 및 보상에 관한 법률'을 비롯해 '택지개발촉진법' '도시개발법' '도시 및 주거환경 정비법' '도시재정비촉진을 위한 특별법'에 세입자 보호 장치가 있기는 하다. 하지만 상가 세입자가 받는 법적 보호는 영업 손실 보상금이 전부이다. 현행 토지보상법 시행규칙을 보면 상가 세입자는 최근 3년간 평균 영업이익을 기준으로 최대 3개월분의 영업 손실을 보상받게 되어 있다. 여기에 휴업 기간 중 영업용 자산에 대한 감가상각비 · 유지 관리비 등이 덧붙는다.

하지만 세입자들이 상가를 빌리며 가장 큰 목돈을 들이는 권리금이나 시설 투자금에 대해서는 보상 규정 자체가 없다. 참사가 난 용산 4구역 세입자 법률 자문을 맡은 민주사회를 위한 변호사 모임 소속 조동환 변호사는 "상가 세입자 처지에서 가장 절실한 권리금 등의 구제 방안이 빠진 현행법은 사실상 보호 장치가 거의 없는 것이나 마찬가지다"라고 말했다.

그럼 사건이 발생한 당일을 재구성 해보자. 2009년 1월 19일 오전 5시 33분 용산 4구역 철거민과 전국 철거민 연합회 회원 등 약 30여 명이 서울특별시 용산구 한강로 2가에 위치한 5층짜리 상가인 남일당 빌딩 건물 옥상을 점거하였으며, 경찰은 경비 병력으로 3개 중대 300여명을 투입하였다. 철거민들은 옥상 건물 위에 망루를 짓고 가연성물질인 시너를 바닥과 옥상에 준비하였고 화염병과 돌을 던지며 철거반에 저항하였다. 철거민들은 서울시가 최소한의 보상도 없이 철거를 밀어붙이고 있다고 주장하였다.

2009년 1월 20일 오전 1시 22분, 철거민들이 던진 화염병으로 농성장 옆 상가 건물 가림막에 화재가 났으나 40분 만에 진화되었고, 오전 6시 12분에 경찰은 철거민들에게 물대포 살수를 시작하였다. 6시 45분, 경찰은 건물의 옥상에서 농성하던 철거민들을 진압하기 위해 컨테이너에 경찰특공대를 태워 옥상으로 올려 보냈으며, 7시에 컨테이너가 옥상으로 올라가자 본격적인 진압이 시작되었다. 7시 20분에 특공대를 실은 두 번째 크레인이 올라가자 3층과 4층에서 불이 났고, 옥상에 있던 망루에도 불길이 번졌다. 7시 30분에서 40분 사이, 4층에서 3명이 불을 피해 창문가로 이동했다. 7시 45분에는 불이 붙은 망루가 무너졌고, 8시 30분에 소방관들이 옥상에 올라가 망루를 해체하였다. 11시 45분 경찰은 망루를 수색하여 사망자 5명(세입자 2명, 전철연 회원 2명, 경찰특공대 대원 1명)을 발견했으며, 23명(경찰 16명, 농성자 7명)이 부상당했다고 발표하였다. 12시 20분에는 농성자 시신 1구가 추가로 발견되었다.

인명 참사로 이어진 서울 용산 재개발 철거민들의 건물옥상 농성은 철거민에 대한 보상비가 제대로 이루어지지 않았던 것이 직접적인 원인이다.

서울시와 용산구에 따르면 당시 재개발조합 측은 세입자에게 법적으로 규정된 휴업보상비 3개월분과 주거이전비 4개월분을 지급한다는 입장이었으나, 세입자 처지에서 밥줄을 포기하는 대가로 턱없이 부족한 보상금을 받고 제 발로 순순히 길거리로 내몰려 걸어 나갈 수는 없었다. 시사IN의 설명에 의하면,

주거나 도시 환경을 개선시키겠다는 본래 취지와 달리 재개발 지역에서 내몰린 세입자들이 가는 곳은 또 다른 재개발을 앞둔 지역이다. 값이 싼 지역으로 벼랑 끝 이주가 되풀이되는 것이다. 주거 세입자가 특히 그렇다. 상가 세입자와는 별개로 주거 세입자는 법적으로 50년 공공 임대주택, 임시수용시설, 주거 이전비, 동산 이전비(이사비) 등을 보상받게 돼 있다. 주거대책비와 임대아파트 입주권을 모두 받을 수 있지만, 현실에서는 조합 쪽이 둘 중 하나를 선택하라고 강요하기 일쑤다. 소득 수준에 비해 버거운 4000만~5000만원에 이르는 임대료 탓에 세입자들은 임대아파트 입주권을 스스로 포기하기도 한다.

용산 4구역 주거 세입자(450여 명) 대다수도 재개발을 앞둬 상대적으로 전세 값이 싼 인근 지역으로 이주했다. 민주노동당(현 통합진보당) 용산 4구역 세입자 대책위원회 이강희 간사는 "여기서 쫓겨난 세입자 70~80%가 인근 재개발 지역인 한강로 40번지, 동빙고동, 교분동으로 이주했다"라고 말했다. 이미 이 지역도 재개발 조합이 설립되는 등 철거 예정지이다. 이 간사는 "보증금 800만~1000만원에 월세 20만~30만원으로 얻을 수 있는 집은 한정되어 있다"라고 말했다.

2007년 이명박 대통령이 서울시장 재직 때 서울시정개발연구소에서 내놓은 보고서 <뉴타운 사업에 따른 원주민 재정착률 제공방안>을 보더라도 원주민을 내쫓는 재개발 실태를 알 수 있다. 2005년 입주가 시작된 길음 뉴타운의 길음 4재개발 구역의 거주 가구 1468가구(조합원 868가구, 세입자 600가구)의 이주 패턴을 조사한 결과를 보면, 세입자 600가구 가운데 공공임대주책 입주권을 선택한 가구는 겨우 135가구(22.5%)였다. 나머지 주거 대책비를 선택한 세입자 485가구는 재개발이 끝난 뒤 길음동 20%(92가구), 성북구 8.3%(38가구), 성북구 인접 지역에 6.2%(212가구)가 산다. 아예 서울을 떠난 세입자도 18.3%(84가구)로 조사되었다.

그렇다면 세입자를 강제로 내몰지 않고도 재개발을 할 수 있는 현실적인 대안은 없는 것일까? 해외에서 답을 찾자면 영국은 대한민국과 달리 전면 철거 재개발 방식 자체를 지양한다(현재 국내에서 시행되는 재개발은 대부분 해당 지역을 전부 철거하는 철거 재개발 방식이다). 일본은 아예 주거재정비사업이 공공 차원에서 진행되고, 소득에 따라 차등 임대료를 부과해 실질적인 주거권을 보장해준다.

전문가들은 멀리 해외 사례를 볼 것도 없이 우리식 대안 모델이 가능하다고 제안한다. 현실적으로 세입자를 몰아내지 않고도 재개발을 할 수 있는 순환 재개발 방식을 그 대안으로 꼽는다. 순환 재개발이란 재개발 지역 안에 임대주택을 마련해주거나 인근 지역에 세입자를 이주시킨 뒤 순차적으로 개발을 진행하는 방식이다. 진보 · 개혁정당들은 세입자들의 재정착률을 높이고, 무엇보다 세입자의 주거 안정에 도움을 주고자 이 순환 재개발 제도를 강제화하는 법안을 검토하고 있다.

비정규직 해결

우리 사회가 반드시 해결해야 할 또 다른 문제로 비정규직을 들 수 있다. 필자가 알고 있는 한, 비정규직은 최초 보수정권인 김영삼 정부에서 만든 제도이며, 1997년 말 외환위기를 겪으면서 일자리가 없고 실업률이 폭증하자 절박한 심정으로 당시 노동계는 독이 든 성배를 마셨다. 이로 인해 외환위기의 주범인 대기업과 금융기관 등이 오히려 노동자를 통제하는 수단으로 비정규직 제도를 주로 활용하고 있다. 비정규직 문제가 우리 사회에서 심각한 이유는, 기업의 비정규직 남용으로 인해 대한민국 노동활동인구의 거의 절반가량을 이들 비정규직 노동자들이 차지하고 있고, 이들에 대한 차별대우로 인해 사회 양극화 현상이 심화되고 있기 때문이다. 비정규직 노동자는 정규직 노동자들보다 급여가 적을 뿐만 아니라, 퇴직금, 상여금 등의 노동조건과 국민연금, 건강보험 등의 사회보험 적용에서도 극심한 차별을 받고 있다.

따라서 참여정부 시절 '기간제 및 단시간근로자 보호 등에 관한 법률', '파견근로자 보호 등에 관한 법률' 및 '노동위원회법' 등 비정규직 보호를 위한 관련 3개 법안을 마련하여 2007년 7월 1일부터 시행하였다. 이들 법안의 주요 내용은 기간제 혹은 계약직 근로자로 2년 이상 근무하면 기업주는 비정규직 노동자들을 사실상 정규직으로 전환하도록 규정하였다. 또한 정규직 근로자들과 동일하거나 혹은 유사한 직무를 수행하는 비정규직 근로자가 정당한 이유 없이 임금이나 근로조건에서 차별을 받을 경우, 노동위원회를 통하여 시정을 요구할 수 있다. 하지만, 비정규직 노동자가 차별받지 않아야 함을 법으로 보장하고 있음에도 만일 실제 상기에 언급한 대응을 할 경우 많은 고용주들은 비정규직을 그냥 해고해 버리는 일이 비일비재 하다(현행 제도에 의하면, 2년 이내에는 사용주가 언제든 비정규직 노동자를 해고할 수 있다). 이상의 간단한 논의만 살펴보더라도 비정규직에 관한 문제의 해결이 얼마나 대한민국 사회에서 중요한지 알 수 있을 것이다. 아래는 2011년 10월 14일자 참세상 김용욱 기자의 글을 옮겨 놓았다.

한나라당(현 새누리당)이 비정규직 파견노동자를 보호한다고 내놓은 법안이 사실은 아예 정규직이 될 기회조차 주지 않겠다는 것으로 나타나 노동계가 반발하고 있다. 노동계는 보호라는 이름 뒤에 파견직을 더 확대하려는 꼼수가 있다고 반발했다. 그 동안 보수정부와 한나라당은 기회가 있을 때마다 파견업종 확대를 주장해 왔지만 노동계와 야당이 강력히 반발해 무산됐다. 원래 사업자는 파견노동자를 2년 이상 고용하면 정규직으로 채용해야한다. 그러나 한나라(현 새누리당)당이 추진하는 상용형 파견노동자는 최소 규제 장치인 2년이라는 기간제한마저 없앤다. 한번 파견직이 되면 계속 파견직으로 일을 하도록 '파견법 (파견근로자 보호 등에 관한 법률) 개정' 을 추진하고 있다.

이주영 한나라당(현 새누리당) 의원 등 20명의 한나라당 의원이 지난 7일 발의한 '파견근로자보호 등에 관한 법률 일부 개정 법률안' 의 주요 내용은 △상용형 파견근로자는 2년을 초과하여 파견할 수 있도록 하고 △불법파견으로 확인된 경우 파견근로자를 사용한 기간에 관계없이 직접고용 하도록 의무를 부과한다는 내용이다. 한나라당(현 새누리당)은 "상용형 파견은 고용이 안정되어 있다는 점을 감안해 규제를 완화하여 이를 활성화 할 필요가 있다"고 법안 제출이유를 밝혔다.

그러나 대부분 파견업체가 원청사업주와 계약기간이 끝나면 더 이상 고용관계를 유지하기 어렵다. 이런 실태에서 2년 기간제한을 없애면 원청사업주가 기간제한 없이 파견근로자를 맘대로 쓸 수 있도록 해주게 된다. 한나라당(현 새누리당)의 이런 꼼수를 놓고 김혜진 희망버스 대변인은 "그간 한나라당이 파견 제도를 확대하려고 애를 썼지만 노동계나 사회적인 반발이 심하자 말장난으로 비난을 피해보려는 속셈"이라고 비꼬았다.

한국노총도 성명서를 내고 "우리나라 대부분의 파견업체들은 파견기간 종료와 동시에 근로계약을 해지하고 있다"며 "사용사업주가 기간제한 없이 파견근로자를 맘대로 쓸 수 있도록 해주는 결과만 초래한다"고 지적했다. 한국노총은 "우리 노동법은 원칙적으로 사업주가 근로자를 직접 고용해야 하고 다만 예외적으로 파견법에서 허용하고 있다"며 "파견근로를 기간제한 없이 쓸 수 있도록 하면, 편법적 간접고용 남용과 불법파견 확산은 더욱 걷잡을 수 없게 된다"고 우려했다. 한국노총은 이어 "정부여당은 비정규직 보호대책을 빙자하여 파견근로의 사용기간 제한을 폐지하려는 음모를 즉각 중단하라"고 비난했다.

민주노총도 "최근 도급으로 위장한 사내하청이 불법파견에 해당하며 파견법에 따라 정규직화 해야 한다는 법원의 판결이 잇달아 나오자, 한나라당(현 새누리당)은 이러한 법 자체를 회피할 수 있는 편법을 들고 나온 것"이라고 규정했다. 민주노총은 "한나라당(현 새누리당)은 정규직화를 요구하는 비정규직 노동자의 입장을 헤아리기는커녕 노동자들의 정당한 요구를 짓누르는 입법에만 골몰하며, 마치 불필요한 규제를 없애는 듯 전체 국민을 기만하고 있다"고 비난했다.

최저임금제

비정규직도 문제지만, 대한민국의 최저임금제도 역시 개선이 시급하다. 2011년 현재 우리나라에서 받을 수 있도록 정해져 있는 최저임금은 시간당 4,320원이며, 한해 뒤인 2012년에는 4,580원으로 260원 조정된다. 그럼 OECD 회원국의 최저임금 수준을 비교해보자 (본 자료는 2009년 기준임).

국 가	최저임금	빅맥가격
미 국	10,648원	5,487원
영 국	11,775원	5,040원
캐 나 다	9,700원	5,025원
호 주	13,685원	3,436원
벨 기 에	14,620원	6,676원
네덜란드	15,011원	6,676원
프 랑 스	14,581원	6,676원
일 본	10,936원	4,576원
한 국	4,000원	3,300원

G20 회의를 의장국으로 주재하면서, 보수정부는 이로 인해 대한민국의 국격이 올라갔다는 등 온갖 호들갑을 떨었다. G20 회의 의장국을 한 해 맡았다고 국격 운운하는 것도 우습거니와, 국격이 올라가서 최저임금 수준이 다른 국가 대비 위의 표와 같은 모습을 하고 있는지 반문하고 싶다. 누구였는지 불행히도 그 분의 이름을 기억하고 있지 않지만, 새누리당(당시 한나라당) 국회의원 중 한 분은 텔레비전 프로그램에 출연하여 최저임금으로 하루를 살고도 돈이 남아 저금을 하였다고 주장하는 웃지 못 할 모습도 필자의 눈으로 똑똑히 봤던 일이 떠오른다. 혹 표를 보고 보수 성향을 가진 국민께서는 비교된 국가들이 대한민국보다 모두 잘 사는 나라라고 말씀하시는 분도 계시리라 추측된다. 맞는 말씀이다. 해서 그 옆에 표기된 '빅맥지수'와 함께 봐주셨으면 한다. 여기서 잠깐 백과사전에 언급된 '빅맥지수'의 설명 일부를 옮겨보고자 한다: 맥도널드사의 대표적인 햄버거 빅맥은 전 세계 어느 매장에서나 살 수 있고, 크기와 값이 비슷하기 때문에 각국에서 팔리는 빅맥의 값을 통해 물가를 예측할 수 있으며, 이는 환율보다 더 현실적인 지표가 된다. 즉, 상기 표를 보더라도 대한민국에서 받을 수 있는 노동단위 시간에 대한 보수가 얼마나 형편없는지 여실히 알 수 있다. 대부분의 국가에서 한 시간 동안 일하고 빅맥 두 개 이상을 구입할 수 있는 반면, 대한민국에서는 하나 남짓 밖에는 가질 수 없다. 현재 집권하고 있는 새누리당이시여 혹시 최저임금 좀 올려주실 생각 없으신지요?

한강 르네상스

어디 새누리당(옛 한나라당)에서 주도적으로 했거나 하고자 하는 일치고 뜯어 말리고 싶은 일이 한두 가지겠는가 마는 그 중 대표적인 것이 여기저기 벌여놓은 토건사업이 아닌가싶다. 한나라당(현 새누리당) 출신 전임 오세훈 시장이 의욕적으로 추진한 한강 르네상스 사업이 얼마나 혈세를 낭비해왔는지를 여실히 보여주는 다음 대화를 살펴보자(아래 내용은 2011년 8월 18일자 CBS 라디오프로그램 '시사자키 정관용 입니다' 에서 발췌).

▶ **정관용:** 시사자키 3부 시작합니다. 올 여름 비가 참 많이 왔습니다. 곳곳에 수해도 있었고요. 그런데 서울시가 의욕적으로 추진하고 있는 한강 르네상스 사업, 이게 여름철 집중호우에 매우 취약하다, 이런 지적이 나오고 있어요. 쓰레기 문제, 시멘트 문제를 파헤치는 등 환경문제에 관심을 갖고 활발한 기고 활동을 하고 있는 최병성 목사, 최근에 집중호우에 파괴된 한강 르네상스 사업 시설물들을 현장 취재했다고 합니다. 최 목사님, 어서 오십시오.

▷ **최병성:** 예, 안녕하세요? 반갑습니다.

▶ **정관용:** 비가 요즘도, 아직도 오고 있어서, 참 너무 온다, 너무 온다, 이런 생각이 드는데요. 언제 둘러보셨어요, 한강 시설물들을?

▷ **최병성:** 7월 중순과 홍수 보수공사를 완료했다고 서울시가 보도한 8월 6일 다녀왔습니다.

▶ **정관용:** 어디어디 둘러보셨어요?

▷ **최병성:** 여의도지구, 반포지구, 난지도, 그 다음에 뚝섬. 그래서 한강 르네상스 중에 가장 핵심이 되는 지역들을 둘러봤습니다.

▶ **정관용:** 그런데, 네 곳 다, 다 문제던가요? 아니면 어디는 그나마 괜찮은데, 어디가 문제다, 그렇던가요?

▷ **최병성:** 다 똑같이 난장판이었습니다. 뭐 사방이 부서져 있고, 깨져있고, 둥둥 떠 있고, 정말 난장판. 이거는 정말 5,400억이라는 돈을 들여서 만든 시설이 결코 아니다, 라고 할 수 있는 거지요.

▶ **정관용:** 음, 좀 더 구체적으로요. 뭐가 어떻게 부서져 있고, 우선, 어디부터 할까요, 여의도부터 할까요?

▷ **최병성:** 예, 제가 2년 전 한강 르네상스가 준공되었을 때 가서 그 현장을 보면서, 시멘트 콘크리트 난간을 만들어놓고 그 위에 철 난간을 해놓았는데, 그걸 보는 순간, 딱 저는 직감적으로 저거 무너진다, 생각이 들었습니다. 왜냐면, 강물과 수평으로 흐르는 게 아니라 마주보고 있었어요. 강물이 흐르는 지역에 마주보니까 물이 불면 덤불이 떠내려 오면서 난간에 걸릴 거고, 그 힘을 견디지 못하고 부서질 거거든요.

▶ **정관용:** 예, 새로 시설물을 강가 쪽으로 짓고.

▷ **최병성:** 예, 바로 강 경계면 위에 콘크리트로 해놓고 그 위에 철 난간을 해놓았어요.

▶ **정관용:** 철 난간을 해놓았다? 사람들이 거기까지 와서 구경하라고?

▷ **최병성:** 예, 그런데 그것이 보기는 좋지요. 그런데 강물이 불었을 때...

▶ **정관용:** 불어서 그걸 다 덮었군요?

▷ **최병성:** 예, 갔더니 다 망가지고, 철 난간이 부서지고 깨지고, 그러니까 아예 사라진 곳도 있고, 통째로 철근까지 사라진 곳도 있고, 그리고 다 부서지니까 밧줄로 얼기설기 엮어놓은 곳도 있고. 그 위에 박아놓은 폴대까지 다 날아갔어요.

▶ **정관용:** 여의도는 그렇고, 반포는 또 어땠습니까? 반포가 그 세빛둥둥섬 있는 바로 거기이지요?

▷ **최병성:** 예, 한강 르네상스의 가장 핵심 지역이지요. 둥둥섬 주변에 아주 멋지게 대리석으로 포장을 해놓고, 꽃을 심어놓고 했는데요, 대리석 다 깨져있고. 만든 지 1년, 2년밖에 안 되었다는 사실이 믿기지 않을 만큼, 정말 대리석들이 다 깨져있고, 파손되어 있고. 아니, 어떻게 물속에, 물가에 꽃을 심느냐는 거예요. 그 정말 화려하게 치장했던 꽃들 다 떠내려갔고요. 그 옆에 아이들 놀이터를 만들어놓았어요. 그런데 놀이터에, 우리가 이제 다른 공원에 가면 아이들 충격 받지 말라고 고무를 깔잖아요.

▶ **정관용:** 맞아요.

▷ **최병성:** 폐타이어 갈아서 만든 고무, 색깔 입혀서 예쁘게. 그런데 그게 침수되는 곳에 그 고무를 아주 멋지게 넓게 깔아놓았습니다.

▶ **정관용:** 아, 다 날아갔겠군요.

▷ **최병성:** 다 날아갔지요. 다 들뜨고, 찢어져 날아가고.

▶ **정관용:** 거기가 바로 잠수교 옆이지요? 잠수교는 비만 좀 오면 바로 잠기는 데 아니에요? 그러니까 그 정도 높이랑 똑같은 곳이지요, 거기가?

거기에 꽃을 심고 고무를 깔았다?

▷ **최병성:** 예, 그러니까 잠수교가 물에 잠기니까 잠수교잖아요. 특히 한강에서도 가장 지대가 낮은 곳이 반포, 잠수교 지역이거든요. 한강 다른 데는 안 잠겨도 잠수교는 잠겨요. 그런데 반포에, 그 세빛둥둥섬을, 매번 잠기는 곳에 설치했다? 정말 그게 필요했으면 다른 곳에 했어야지, 가장 많이 잠기는 곳에 설치했다는 것 자체가 문제이고, 그 주변에 온 사방으로 돈을 깔아놓았는데, 그 돈이 다 날아갔다는 거지요. 특히 잠수교 같은 경우 아까 말씀드렸듯이, 물에 잠겨서 잠수교인데, 잠수교 다리가 강물과 역으로 놓여 있잖아요. 건너기 위해서? 거기를 멋을 부린다고 어떻게 했느냐 하면은요, 인도와 차도 사이를 화강암으로 경계석으로 만들어놓았어요. 요만한 두께의, 한 15cm.

▶ **정관용:** 옛날에는 없었던 거였나요?

▷ **최병성:** 없었던 거지요. 전혀 없었던 것을 한강 르네상스로 사람들의 접근성을 좋게 한다고 인도와 차도 사이에 경계석을 만들어놓았는데, 그 물의 힘을 견디냐는 거예요. 다 떨어져나갔어요.

▶ **정관용:** 그 대리석들이?

▷ **최병성:** 예, 그리고 그 화강암을 고정시키고 있는 게 철근 이예요. 다 콘크리트에서 요만큼 올라온, 한 5cm 올라온 철근인데, 그것이 전부 다 화강암이 떨어져나가니까 어떻게 되겠어요?

▶ **정관용:** 철근만 남았어요?

▷ **최병성:** 예. 삐쭉삐쭉 나와 있지요. 길이 이렇게 휘는데, 차들이 잘못해서 거기를 박으면 어떻게 되겠어요? 사고 나지요. 대형사고 위험이 있어요. 돈은 물론, 사람이, 시민들이 다칠 대형사고 위험을 안고 있습니다.

▶ **정관용:** 뚝섬은요?

▷ **최병성:** 뚝섬. 아, 정말 기가 막힙니다. 오세훈 시장님이 이제 잔디를, 한강변을 녹색으로 만들겠다, 라고 해서, 뚝섬 지구는 콘크리트를, 기존에 있던, 5공화국 때 만든 콘크리트를 걷어내고, 새로 콘크리트로 제방을 쌓았습니다. 볼록볼록한.

▶ **정관용:** 아니, 콘크리트를 걷어내려면 흙으로 해야지, 또 왜 콘크리트를 했어요?

▷ **최병성:** 안 그러면 다 쓸려나가니까요, 제방이. 그러니까 새롭게 꾸미기 위해서 콘크리트를 한 건데, 그럼 할 필요가 없는 거잖아요.

▶ **정관용:** 예, 그래서요?

▷ **최병성:** 그리고 콘크리트 위에 잔디를 심었습니다.

▶ **정관용:** 콘크리트 위에 잔디를 어떻게 심어요?

▷ **최병성:** 오세훈 시장님의 그 녹색을 만드는 기술이 얼마나 놀라운지... 어떤 방법이냐면, 콘크리트 위에 이제 잔디가 안 심어지니까 거기에다가 흙을 10cm 정도 붓습니다. 흙만 부으면 떠내려가잖아요. 거기에 그물을 덮어요. 그물을 덮고, 그물이 바람에 날리니까, 폴대, 텐트를 칠 때 쓰는 막대 있잖아요. 그걸 쭉 줄로 박아놓습니다. 그리고 그 위에 잔디를 심었지요. 그런데 그게 견디냐는 거예요.

▶ **정관용:** 물이 안 차면 견디겠지요.

▷ **최병성:** 예, 그런데 물이 차잖아요. 물이 차는 곳에, 그러니까 문제는 바로 물이 차는 곳에 그렇게 했다는 거예요. 그러니까 제가 지난주에 갔더니 다 떠내려가고. 그물도 떠내려가고, 찢겨나가고, 콘크리트만 남아있어요.

▶ **정관용:** 흙이 아까 한 50cm?

▷ **최병성:** 10cm.

▶ **정관용:** 10cm? 그거 뭐 금방 쓸려나가겠네요.

▷ **최병성:** 아, 정말 얼마나 한심스러운지. 폴대 박고 잔디 심고. 그런데 그 물 밑에 물이 계속 차면서 다 쓸어내려가니까, 폴대는 쓰러져 있고, 흙은 유실됐고. 잔디도 없고. 그물만 남아서 썩어가고. 수질은 악화되고 악취가 진동하는 한강.

▶ **정관용:** 난지도는 어때요?

▷ **최병성:** 난지도가 그나마 나았어요. 왜냐? 난지도는 사람이 덜 찾는 곳이잖아요. 그러니까 거기는 주로 그냥 나무들을 많이 심었지요. 강가로, 이렇게 시멘트로 하지 않고, 좀 경사진 면을 따라 풀과 갈대를 심어놓았기 때문에 피해가 가장 적은 곳이었다. 그런데 이제 난지도의 가장 큰 문제는 수영장입니다. 다른 곳은 수영장이 강에서 약간 떨어져있는데, 거기는 자연과 좀 가깝게 해준다고 그 수영장을 한강 면에다 바로 세웠어요. 그런데 난지도는 한강에서 하류잖아요. 만조 때, 한강이 항상 하루에 물이 두 번 오르내리거든요. 밀물이 올라올 때 강물이 불면, 한강물이 수영장으로 넘어 들어와요. 그래서 지난 7월 동안 수영장을 개장한 날이 3일 밖에 안 됩니다. 주변은 다 부서져 있고, 수영장 옆에도 막 철근 날아가고 이렇게 되어 있고. 그래서 정말 전혀 생각 없이...

▶ **정관용:** 그러니까 다 종합해보면은요, 침수구역에 여러 가지 시설을 했다. 그런데 그것도 물이 좀 차더라도 견딜 수 있는 시설이 아니라, 잠깐 눈에 보이는 시설을 했다, 이 말이로군요?

▷ **최병성:** 제가 서울시 관계자하고 통화를 했어요. 제가 "이건 예산낭비 아니냐?"라고 물었더니 이 관계자가 하는 말이 "예산 낭비지만 정책적인 결정이기 때문에 제가 답을 드릴 수 있는 상황은 아닙니다"라고 하더라고요. 그래서 또 다른 사람한테 물어봤어요. 그랬더니 이 사람 뭐라

고 이야기 하냐면, 그래서 가끔 전화가 온대요. 외국에 많이 다닌 시민들이 외국에 아무리 많이 다녀봐도 강변에 이렇게 시설을 한 나라는 한 번도 본 적이 없는데, 우리나라는 왜 이렇게 강에 많이 해서 이렇게 망가지냐, 라고 이야기를 했대요. 바로 한강 르네상스의 문제는, 바로 그 정답이 여기 있거든요. 유럽은 1년 내내 비가 고르게 오잖아요? 강변에 물이 넘치는 경우가 드뭅니다.

▶ **정관용:** 그렇지요.

▷ **최병성:** 그럼에도 불구하고 강변에 시설을 안 해요. 그것은 멍청한 짓이니까. 어떨 때 한번 큰 비가 와서 떠내려가면 안 되는 거니까요.

▶ **정관용:** 그렇지요.

▷ **최병성:** 그런데 우리나라는…

▶ **정관용:** 매년 차지요.

▷ **최병성:** 예, 하상계수가 굉장히 크거든요. 비가 한번 오면 강이 넘치니까요. 그런데 그렇게 심각한 강에 외국도 하지 않는 시설물들을 과도하게 했다. 이거는 당연히 떠내려가라, 그냥 눈에 보기 좋게, 시장이 어떤 성과를 내기 위해서 국민 세금을 낭비한 전시성 사업에 불과하다.

▶ **정관용:** 보기 좋게 하려면, 매년 할 수밖에 없네요, 매년 물이 차니까? 물에 차면 이거 없어질 텐데… 그런데 왜 해요?

▷ **최병성:** 두 개 중의 하나인 것 같아요. 무지에서 했던지, 아니면 또 하나는…

▶ **정관용:** 그걸 어떻게 몰라요?

▷ **최병성:** 그러니까요. 아니면 건설업자들 돈 벌어주려고 했는지. 아니면 시장 어떤 뭐 멋지게 했다, 라는 전시성 사업을 통해서 어떤 정치적 욕망을 이루려고 했던지, 이런 것 중의 하나겠지요.

대화 중 일부만 추려봤다. 비록 일부만 소개했지만, 새누리당(옛 한나라당)이 얼마나 전시성 토건사업에 예산과 국민의 혈세를 낭비해 왔는지를 여실히 알 수 있다. 어디 이 뿐이랴. 한나라당의 오세훈 시장은 서해뱃길 사업을 하겠다고 했다. 즉, 항공편 외에, 한강 유람선을 띄워 중국 관광객을 유치하겠다는 계획인데, 문제 중 하나는 한강에 다리가 너무 많다는데 있다. 이로 인해 유람선이 교각을 지나가지 못하자 서울시 예산을 들여 교각의 다리를 벌리거나 뜯어내려하고, 이를 말리는 서울시 의회와 치열한 싸움을 벌였다. 한 번 생각해보시라. 한 시간 남짓이면 비행기를 타고 서울에 도착할 수 있는데, 이 글을 읽는 분이 만약 중국인이라면 다섯 시간 넘게 값비싼 배를 타고 지루하고 힘들게 서울로 오시겠는가?

광화문 광장은 어떤가? 오세훈 전임시장이 야심차게 추진하고 본인의 대표적 치적 중 하나로 내세우는 것이 바로 광화문광장이다. 하지만 실제 광화문광장을 가보면, 곳곳이 패이고 부서지고 함몰되었다. 이곳이 대한민국 수도 서울의 중심이요, 상징이라고는 믿을 수 없을 만큼 필자가 본 광화문 도로는 누더기 걸레가 되어있었다. 서울시 일 년 예산 21조 원 중 겨우 0.3%에 불과한 무상급식비 695억 원 쓰는 게 망국적 포퓰리즘이라던 오세훈 서울시장은 '디자인 서울' 을 내세우며 국민 혈세를 아낌없이 펑펑 썼으나, 오 시장의 디자인 서울은 한 치 앞도 내다보지 못한 어리석고 철없는 짓이요, 서울의 환경을 파괴하고 도심을 물의 도시로 만든 재앙이 되었다. 오시장이 460억 원을 투입한 광화문 광장의 모습을 한 인터넷 포털(네이버, 접속일: 2011년 10월 17일)에서 가져온 아래 사진들을 통해 함께 살펴보자.

이렇듯 한나라당(현 새누리당) 출신 서울시장(이명박 및 오세훈 전임시장)이 10년간 서울을 관리하는 동안 이들은 어리석은 다양한 토건사업에 아낌없이 혈세를 쏟아부어왔고, 그 결과가 우면산 산사태와 (2010년말 기준) 서울시 부채 약 26조원이다(한나라당 출신 시장이 서울시를 관리하면서 지난 10년간 부채가 약 8조원에서 26조원으로 증가했다). 특히 서울시가 갖고 있는 부채의 규모는 서울시 일 년 예산을 약 5조원 초과하는 금액이며, 자그마치 서울시민 일인당 250만원씩 빚으로 떠안아야 하는 돈이다. 자, 이걸 알고도 여러분들은 앞으로 보수정당에 투표하여 지속적으로 토건사업에 몰입하고 빚을 져야 겠습니까? 아니면 진보진영에 표를 던져 우리와 아이들이 복지혜택을 누리는 것이 낫겠습니까?

학생인권

조금 전 진보 · 개혁진영의 키워드를 '복지(분배)' 라고 규정하고 이를 강조하였으나, 사람 사는 세상을 만들기 위해 이에 못지않게 중요한 것이 환경과 인권문제이다. 따라서 이제부터는 인권과 관련하여 논의해보기로 하고, 그 첫 번째 주제로 '학생인권' 을 토의해 보는 시간을 갖도록 하자.

스승의 그림자도 밟지 말아야 한다는 말이 있을 정도로 우리는 전통적으로 스승을 임금, 부모와 동일하게 생각하여 존경해왔다. 그러한 이유로 부모와 더불어 선생님의 체벌을 '사랑의 매' 라고 일컫어 정당성을 부여해왔다. 선생님의 체벌이 제자를 아끼고 사랑하는 마음에서 발로하여 가해지는 경우도 물론 있으리라 본다. 하지만 나의 분신인 자식들을 교육하고 양육하는 과정에서도 감정이 섞이는 일이 있는데, 하물며 아직 철이 들지 않은 성장기 제자들을 대할 때 철저히 인간으로서의 감정을 배제하고 사랑으로만 바라본다는 것은 현실적으로 어려움이 있을 수 있다는 사실을 부정하지 말자.

그럼 잠깐 과거를 돌이켜 회상하고 함께 우리의 기억을 더듬어 보는 시간을 가져 봅시다. 필자는 어려서부터 샌님이어서 학교에서 큰 실수를 저지르거나 장난을 심하게 친 일은 없었던 것 같다. 그러한 이유로 선생님께 인간적인 모욕을 느낄만한 꾸중을 들은 적도 체벌을 당한 적도 다행히 거의 없었던 것으로 기억한다. 하지만 다른 친구들은 다른 급우 모두가 보는 앞에서 선생님께 공개적으로 가령 따귀를 맞는다든지, 제자를 별개의 인격체로 본다면 차마 할 수 없는 언사를 하시는 선생님을 보았던 기억은 어렵지 않게 찾을 수 있다. 선생님께 따귀를 맞는다... 과연 이것이 '스승의 사랑의 매' 였을까?

앞서 잠깐 언급한 것처럼, 학생도 독립적인 인격체이다. 그러한 별개의 인격체에게 모욕이나 능멸을 느낄만한 체벌은 어떠한 경우에도 정당화될 수 없다. 스승과 제자의 관계는 폭언과 체벌을 수단으로 하여 만들어진 스승에 대한 제자의 두려움, 과도한 얼차레를 통한 신체적 고통이 가해질 수 있다는 것을 인지하여 억지로 보여지는 가식적인 존경을 근간으로 해서는 안 된다. 스승과 제자의 관계는, 집안에서 그러한 것처럼, 스승이 어른으로서의 모범을 보이고 제자가 이를 배우고 학습하면서 형성되는 지극히 자연스러운 존경을 바탕으로 이루어져야 한다. 이제는 우리도 바뀔 때가 되었다고 본다. 보수적인 사고와 수구적인 옳지 못한 전통에서 벗어나, 발전적이고 바람직한 방향으로 교육환경도 변화되어야 한다.

혹시 필자의 의견은 "현실적이지 못한 꿈일 뿐이다" 혹은 "현장을 모르고 이상에만 집착한다"고 비판하실 분들도 계시리라 본다. "아직 철이 안 들어 어디로 어긋날지 모르는 학생들에 대한 통제가 체벌을 제외하곤 효과적으로 이루어질 수 없다"고 강변하는 분들도 계시리라 본다. 또한 "체벌을 금지하려는 사회적 변화로 인해 교권이 추락하고 있다"고 볼멘소리 하실 분도 있으리라 본다. 물론 현실적으로 당장 어려움이 있을 수 있다는 점에 대해서는 필자도 동의한다. 하지만 흐르는 물을 거슬러 올라가려는 생각은 곤란하다. 큰 틀은 제자들을 하나의 독립적인 인격체로 인정하고, 이들의 인권도 존재하고 보호해줘야 한다는 사실에 동의하자. 다만 이로 인해 발생할 수 있는 어려움들을 개선할 수 있는 방안도 함께 머리를 맞대고 논의해 보자. 가령 사소한 잘못을 한 학생은 체벌이 아닌 다른 방법으로 반성할 기회를 주고, 자칫 어긋날 수도 있을 것 같은 제자는 (사실 때린다고 바로잡을 수도 없는 만큼) 비슷한 실수를 했으나 이를 극복하고 바르게 성장한 선배와 멘토-멘티 관계를 맺어주면 어떨까?

일제고사 폐지

조금 전 논의했던 '체벌' 과 관련된 얘기를 잠깐만 좀 더 해보고자 한다. 전통적인 의미에서의 체벌을 고려할 경우, '사랑의 매' 로써의 선생님의 체벌이 흔히 정당하다고 느껴질 수 있는 경우는 어떠한 것들이 있을까? 실제 그런진 모르겠으나 필자가 상상컨대, 예를 들어 자율학습 시간에 다른 친구들의 공부에 방해가 될 만큼 장난치고 떠드는 경우, 수업시간에 대놓고 책상에 엎드려 자는 경우, 학교에 있어야 할 시간에 교문을 빠져나와 배회하는 경우, 학교에서 금지한 장소를 들락거리거나 몰래 숨어서 화장실에서 흡연을 하는 경우 등등이 아닐까? 이 학생들의 공통점이 있다. 바로 공부에 흥미가 없는 학생들이라는 사실이다. 그럼 공부에 흥미가 없는 학생들을 학교는 왜 붙잡고 있고, 부모님들은 왜 이들을 학교에 보내고 있을까? 왜 이들 학생들에게 체벌과 폭언, 신체적 고통 등을 가하면서까지 원하지 않는 공부를 강요하는 것일까? 그 이유는 자명하다. 대학에 보내려니깐. 대한민국은 학력사회니깐.

그럼 이들을 때리기만 하면 소위 모두를 정신 차리게 하여 좋은 대학에 진학 시킬 수 있을까? 사실 그것도 아니다. 그럼 대학을 나오는 것만이 세상에 내가 존재하고 있는 정당한 이유를 증빙하고 사회에 기여할 수 있는 길을 찾게 해주는 유일한 방법이 될 수 있을까? 대한민국에선 비록 안타깝게도 다른 선진국 대비 아직 제한적이긴 하나, 그럼에도 대학 졸업장 없이도 사실 사회에 기여할 수 있는 여러 가지 방법이 있고, 성실하고 근면하게 생활함으로써 바람직한 사회 구성원의 일부가 되고, 또 건전하고 모범적인 가정을 꾸릴 수 있다. 아!! 그렇다면 대학 졸업장이 인생의 전부는 아니네.

그렇다. 대학 졸업장이 인생의 전부는 아니다. 달리 말하면, 성적이 한 사람의 인격, 성실도, 가능성을 종합적으로 평가할 수 있는 바로미터가 될 수 없다. 성적이 뛰어나지 않은 학생도, 공부에 재미를 느끼지 못하는 학생도, 영어 단어 암기와 수학문제 푸는데 재능이 없는 학생도 사회의 구성원으로 당당히 일익을 담당할 수 있음을 우리는 알고 있다. 한편으론 이를 인정하면서도, 대한민국 사회는 좋은 대학을 나오지 못하면 학창시절 경쟁의 낙오자로 인식하고, 똑똑하지 못하고 무능하며, 인생의 낙오자가 될 가능성이 농후한 사람으로 낙인찍어 버린다.

왜 일까? 여러 차례 강조했던 것처럼, 우리가 땅을 딛고 숨 쉬며 살고 있는 대한민국 사회는 건강하지 못한 과도한 경쟁이 만연해있다. 과유불급. 즉, 모든 것이 과하면 탈이라고 했던가? 적당한 경쟁은 사회를 발전시키고 성장시키는 원동력이 될 수 있으나, 너무 지나친 경쟁은 사회를 병들게 하고 오히려 국가성장을 저해시킨다. 이 지긋지긋한 경쟁을 이젠 톤 다운 시켜야 한다. 일류대학의 졸업장만이 능사가 아니며, 원하는 학생은 학업이 아니라 일찍이 기술을 배워 사회에 충분히 기여할 수 있다는 인식의 전환이 필요하다. 또 이 사회 구석구석에서 맡은 바 역할을 성실히 수행하고 있는 모든 구성원들이 진정으로 존중받고 인정받는 국가로 다함께 만들어 보자. 굳이 하기 싫은 공부와 일류대학의 졸업장이 아니더라도 주어진 시간에 나름의 방식으로 최선을 다하는 모든 사람들이 행복할 수 있는 나라로 변모시켜보자.

다시 한 번 더 말씀드리지만, 대한민국 사회의 전반적인 경쟁을 줄여야 한다. 그것이 또한 꿈 많은 학창시절 학생들의 인권을 보듬는 길이기도 하다. 학생들에게 이젠 경쟁적인 암기와 무조건적인 흡수를 강요할 것이 아니라 가급적 우리 아이들의 창의적인 능력을 개발시켜줄 수 있는 교육을 하자. 제 말씀에 대부분 많은 분들이 동의해 주시리라 여겨진다. 그런데 보수정권만은 그렇지 않은 듯하다. 대학의 서열화를 공고히 한 것으로도 모자라, 이젠 일제고사를 통해 중 · 고등학교의 서열화를 획책하고, 다른 친구들을 밟아버려야만 내가 올라설 수 있다고 강조하며, 아이들을 끊임없이 경쟁 속으로 밀어 넣고 있다. 불쌍한 대한민국의 아이들... 우리 일제고사부터 폐지합시다.

아이 등하교

모두들 일명 조두순 사건을 기억하시리라 생각된다. 최근 뉴스를 보고 있자니, 그 사건의 피해자 나영이는 지금도 악몽에 시달린다고 한다. 아주 나쁜 아저씨가 자주 쫓아오며, 이 때 나영이는 우선 친구들부터 피신시키고 자신은 결국 그 나쁜 아저씨에게 붙잡히고 마는 그런 꿈을 꾼다고 한다. 최초 이 사건이 처음 발생했다는 기사를 접했을 때 정말 분노했고, 무섭고 고통스러웠을 어린 피해자 생각에 가슴이 미어졌었다. 아마 필자뿐만 아니라 아이를 키우고 있는 대한민국의 모든 부모님들이 같은 마음이었으리라. 한 가지 다행스러운 것은 어린이 및 장애아를 성폭행한 사건은 이제 공소시효가 폐지되었다. 늦은 감이 있지만, 그나마 현명한 변화가 이루어졌다.

그런데 공소시효 폐지가 근원적인 처방은 아니다. 우리는 이런 사건이 다시는 이 사회에서 일어날 수 없도록 근본적인 제도를 보완할 필요가 있다. 나영이는 씩씩하게 그 참혹한 기억을 잘 이겨내 주고 있지만, 이 땅에 태어나서 살고 있는 어린이들의 인권을 철저히 보호해주는 것이 진보 · 개혁 정당의 중요한 의무라고 아니할 수 없다.

우선 일과시간에는 그 어떤 누구도 사전 허가 없이 출입할 수 없도록 초등학교의 교문부터 잠그자. 지금의 대한민국 초등학교 출입구는 어떠한가? 백주 대낮에 술에 취한 부랑자 혹은 비이성적인 자가 활보하며 정문을 통해 들어간들 대부분 누구하나 제지하는 경우가 없는 것으로 알고 있다. 이래서는 아이들이 교문을 통과하여 학교에 들어갔다고 한들 아이들이 안전한 상태에 있다고 단언할 수 없다. 둘째, 등하교시 아이를 절대 혼자 보내지 말자. 필자가 영국에서 공부할 때 인상적이었던 모습중 하나는, 아이들이 등교할 때 반드시 학부모가 함께 하고, 수업을 마치고 역시 보호자가 학교를 찾아가서 아이를 데려가는 것이었다(이는 비단 영국에서만 행해지는 모습은 아닐 것으로 여겨지며, 대부분 유럽 및 미주 국가들에서는 이렇지 않을까 예상한다). 보호자가 오지 않으면, 선생님은 절대 아이 혼자 귀가시키지 않으며, 보호자가 올 때까지 아이와 함께한다. 발생하는 사고의 많은 경우가 등하교길(특히 귀갓길)에서 벌어진다고 봤을 때, 보호자의 안전한 동행만으로도 상당한 예방이 가능할 것으로 판단된다. 하지만 문제는, 늘어가는 맞벌이 등으로 인해 아이를 동행할 수 있는 보호자가 없는 경우가 될 것이다.

본 책의 앞부분에서 필자가 제안했던 것처럼, 파트타임 정직원 제도를 시행할 경우 여성인력이 육아와 사회활동을 병행할 수 있는 길을 마련해 줄 수 있을 것으로 보여지며, 따라서 상기 문제를 어느 정도 해소할 수 있을 것으로 판단된다. 만약 동행할 보호자도 없고, 부모님 모두가 전일제 근무를 하고 있어 불가피하게 혼자 등하교해야 하는 아동의 경우, 사립학교처럼 모든 학교가 스쿨버스를 운행하여 안전한 등교 및 귀가를 도울 수도 있을 것이다. 혹은 국가에서 재정을 부담하여 귀가도우미를 고용할 수도 있을 것이다. 필자가 이렇듯 잠깐 고민 해봐도 다양한 방안을 강구할 수 있었던 만큼, (늘상 근시안적 대책만 내놓는 보수진영과 달리) 진보 · 개혁정당은 어린이들을 보다 더 안전하게 보호하고, 참혹한 사고를 예방할 수 있는 현실적이고 타당한 방안마련을 진지하게 고민해 볼 것을 권유한다.

장애인 삶의 질 개선

청소년과 어린이 인권 다음으로 장애인 인권에 대해 생각해보자. 제도적으로는 작게는 인터넷 요금이나 고속도로 통행료, 전기요금 할인부터 장애수당 지급과 증여세 면제 등에 이르기까지 다양한 장치가 이미 마련되어져 있는 것처럼 보인다. 하지만 실제 장애인에게 물어보면 어떤 대답이 돌아올까? 예를 들어, 우리나라의 전체 장애인 수는 2010년 말 현재 이백오십만 명이 조금 넘으며, 그 중 약 절반가량이 신체가 부자유스러운 지체장애인이다. 만일 휠체어에 의지해야 하는 지체장애인이 지하철을 타고 서울의 강동에서 강서로 혹은 강북에서 강남으로 노선을 바꿔가며 이동하려고 한다면 과연 큰 어려움 없이 편안하게 대중교통을 이용할 수 있을까? 이미 모든 지하철역에 필요한 편의시설이 구비되어 있다고요? 글쎄요...

한부모(미혼모) 대책

우리 사회가 간과하지 말고 시급히 고민해 봐야하는 또 다른 중요한 이슈는 싱글대디를 포함한 싱글맘(이하 편의상 한부모라고 지칭할 예정임) 문제가 아닐까 싶다. 즉, 한부모 가정이 날로 늘어가는 것을 고려했을 때, 양육방법, 육아, 아이에 대한 교육지원, 본인의 취업준비 등 이들을 위한 지원프로그램을 실질적으로 확대하고 내실 있는 대책을 세우는 것이 절실히 필요해 보인다. 특히 최근 입양을 보내지 않고 양육을 결정하는 미혼모 비율이 높아지고 있는 추세이나, 이들이 건강한 가정을 이루고 태어난 생명에 대한 적절한 양육을 지속할 수 있는 환경은 많은 분들이 예상하듯 열악하기 만한 것이 현실이다. 어떠한 이유에서든 한부모 가정에서 자라나는 아이들도 대한민국의 미래요 꿈인 만큼 이 아이들이 가급적 바람직한 여건 속에서 성장하도록 돕는 것이 국가의 의무이며 책임이 아닐까 싶다.

이와 관련하여 필자는 다음과 같은 내용의 제안을 하고자 한다. 첫째, 실질적인 생활비 지원이 될 수 있도록 지원 금액을 상향조정할 필요가 있다(현행 제도 하에서는, 거주하는 지역의 동사무소에 아기의 출생신고를 하고 생활보호대상자로 선정이 되면, 2011년 10월 현재 서울의 경우 생활비 지원금이 월 57만원 임). 둘째, 한부모로 아이를 낳아 기른다는 것을 결심하는 것은 대단히 어려운 일이며, 예기치 못한 많은 사회적 · 경제적 비용을 수반하는 십자가를 짊어짐을 의미한다. 또한 대한민국 사회인식의 현주소를 고려할 때, 아이의 입장에서도 성장과정에서 견뎌내야할 이런 저런 상처를 받을 수 있는 상당한 가능성을 가지고 있다. 따라서 정부는 가급적 아이가 받을 수 있는 불필요한 상처를 받지 않도록 세심한 배려를 할 필요가 있으며, 이런 관점에서 통상적인 가정에서 보통의 아이들이 그러하듯이 학습지 구독과 자유로운 보육시설 이용이 가능하도록 국가에서 그 비용을 전액 부담할 것을 권유한다. 셋째, 엄마(혹은 아빠)가 울면, 아이도 운다. 지금도 제도화 되어있긴 하지만, 한부모가 정상적인 사회의 구성원으로 자립할 수 있도록 보다 현실적인 교육과 지원이 필요해 보인다. 넷째, 앞서 잠깐 언급했듯이, 아직 대한민국 사회에는 한부모에 대한 직간접적인 따가운 시선이 존재한다는 것을 부인할 수 없다. 최근 다문화가정에 대한 인식개선을 위해 정부에서 노력하고 있듯이, 한부모 가정에 대한 우리의 편협되고 왜곡된 시선도 바로잡기 위한 적극적인 홍보활동이 요구된다.

불평등한 소파개정

"불평등한 소파개정"이라는 주제로 글을 적으려니 갑자기 자괴감이 물밀 듯 밀려온다. 이건 뭐 대한민국이 성폭행 공화국도 아니고..., 아동 성폭행으로도 모자라 미군 성폭행까지 거론해야하는 현실이 참으로 안타깝다. 차마 언급하고 싶지 않지만, 얼마 전 여중생에 대한 미군의 성폭행 사건이 발생했다. 더욱 엽기적인 것은 피해자가 반항하려고 하면 라이터로 가슴을 지졌으며, 수차례 반복된 성폭행으로도 모자라 무려 4시간 동안 볼펜으로 변태적이고 가학적인 행위를 일삼았다고 한다. 이 사건이 발생하고 보수언론에서는 구속영장을 발부받고 5일 만에 미군에 신병을 요청하였으며, 사건발생 12일 만에 피의자를 구속했다하여 이전 사례에 비춰 굉장히 '신속' 한 조치가 이루어졌다고 주장하였다. 그러나 10대 여학생이 다른 나라에서 여행하다가 피해를 당한 것도 아니고 본 사건은 대한민국 내에서 벌어진 사건이며, 또한 가해자가 범행 사실을 인정했음에도 불구하고 사건발생 2주가 다 되어 구속 수사한 것이 진정 '신속' 한 것인지 의문이 든다.

또한 때마침 현 보수정권 대통령의 방미가 이루어졌기에 국민들은 이번 기회에 과거 일본에 대해 그랬던 것처럼 이 사건에 대한 미국 대통령의 공식적인 사과표명이 있을 것으로 기대했다. 하지만 사대적인 대한민국 보수 정권에 너무 많은 기대를 했던 것인가? (보통 다른 국가의 보수진영은 흔히 민족주의적인 성향을 보이지만, 웬일인지 대한민국의 보수는 주변 강대국에게 "찍!" 소리 못하고, 늘상 사대적인 모습으로 굽신거린다) 당당하게 미국 대통령에게 사과를 요구하길 원하는 국민들의 희망과는 다르게, 사과 요청은 커녕 미국 프로야구 디트로이트 자이언트 모자를 눌러쓰고, GM의 자동차공장을 방문한 후, 교민들에게 "대한민국은 시끄러운 나라"라고 말하곤 돌아와 버렸다. 하긴 뼛속까지 '친미'를 주장하는 보수정권에게 애초 무리한 요구였는지 모르겠다.

자! 이 사건은 어떠한가? 2002년 6월 13일 당시 14살이던 중학교 2학년 신효순 · 심미선 양이 훈련 중이던 의정부 주둔 미군2사단 44공병대대 소속 부교운반용 장갑차에 깔려 형체를 알아볼 수 없게 그 자리에서 사망하는 사건이 발생했다. 이후 해당 장갑차의 관제병과 운전병은 과실치사 혐의로 기소되었으나, 2002년 11월 18일과 22일 각각 무죄 판결을 받게 된다. 그렇다면, 피어보지도 못한 꽃다운 두 여중생이 미군 장갑차에 깔려 무참히 사망했음에도 불구하고, 제대로 된 사과나 책임자 처벌이 이루어지지 않고 있는 상황을 우리는 어떻게 이해해야 하나?

대한민국 국민들의 인권이 번번이 미군에 의해 짓밟히고 있는 것은 불평등한 한미 소파협정에 기인한다. 구체적으로 어떤 점들이 불평등한지 함께 살펴보자. 첫째, 미국과 주둔군 협정을 맺고 있는 대부분의 국가들은 미군의 공무수행 중 발생한 범죄에 대해 미군측이 재판권을 행사하도록 규정하고 있다. 하지만 중요한 사실은 공무수행 여부를 판단하는 주체가 국가마다 차이가 있다는 점이다. 예를 들어, 일정기간동안 공무수행 여부에 대해 미군 측과 합의가 이루어지지 않았다면, 독일은 양 정부간 검토를 규정하고 있고, 미-일 소파에 의하면 일본역시 이 경우 일본 법원의 판단을 존중하도록 명시되어 있는 반면, 한국은 자동으로 미군 측에 재판권을 넘기도록 합의되어있다. 둘째, 대한민국이 1차 재판권을 행사한다고 하더라도 미군측이 요구하면 예외적인 중요사건을 제외하고 재판권을 포기하도록 강요받고 있다. 2000년 국정감사 자료에 의하면, 1997년부터 2000년 6월까지 우리가 재판을 포기한 916명 중 미군 법정에서 징역형 이상을 받은 미군이 4명에 지나지 않는 사실을 보더라도 이 조항이 미군에 의해 얼마나 악용되고 있는지를 여실히 알 수 있다. 셋째, 범죄자 인도시기와 관련해서도, 살인, 강간 등 12가지 강력범죄를 제외하고는 기소시점에서 미군의 신병을 인도받을 수 없다. 넷째, 협정적용 범위에 있어서 우리의 경우 미군의 직계가족 외에도 기타 친척이나 초청계약자에게까지 광범위하게 협정을 적용토록 규정하고 있다. 다섯째, 미국관리가 입회하지 않은 상태에서 작성된 신문조서는 증거능력을 인정받지 못한다. 여섯째, 환경조항과 관련하여, '한국의 관계법령을 존중한다' 고 되어있을 뿐, 강제력이 없다. 진보 · 개혁진영은 대한민국 국민의 인권보호와 한-미간 동등한 지위확보를 위해서도 불평등한 소파협정을 개선하고자 하는 적극적인 의지를 보여주길 기대한다.

반값 아파트

이제 평소 필자가 하고 싶었던 생각들을 글로 표현하는 과정이 막바지로 달리고 있는 듯하다. 글을 마무리해가는 이 시점에서 절대 빼놓을 수 없는 논의가 대한민국의 부동산, 특히 주택 값이 아닐까 한다. 이러한 점에서 반값 아파트에 대한 토의를 잠깐 해보고자 한다. 과거 참여정부는 군포시 부곡지구에 토지임대부 주택, 즉 토지는 공공기관이 보유하여 임대하고 건물만 분양해 입주자들의 금전적 부담을 덜어주는 방식의 주택공급을 시도했다가 청약대기자들로부터 외면 받아 실패했던 전례가 있었다. 이를 새누리당(옛 한나라당)의 홍준표 의원은 참여정부에서 이 제도가 실패했던 이유를 높은 임대료 때문이었다고 인식하고, 임대료를 낮출 수 있는 방안을 강구한다면 성공가능성이 높다고 제안하였다(홍준표 의원은 보수정당의 국회의원이지만 최초 정계입문을 시도할 때 이기택 씨가 대표로 있는 꼬마민주당에서 공천을 받으려고 했었다는 점에서 이런 아이디어의 창안이 일부 가능할 수도 있었다고 추측된다). 이와 같은 형태의 주택은 실제 싱가포르 등 정부 보유 토지비중이 높은 나라에서 서민 주거안정을 위해 이미 실시하는 제도이기도 하다.

하지만, 이 제도는 통상 시간이 지날수록 땅값은 오르는 반면 주택 건물 자체는 감가상각으로 가치가 떨어지기 때문에 입주자가 전혀 투자로 인한 이익을 볼 수 없는 치명적 단점을 가지고 있다. 즉, 시간의 경과와 더불어 토지가격은 상승하지만 주택가격은 오히려 하락하는 손실을 감수해야 하며, 아파트가 노후해져 재건축이 필요한 경우 재건축 입주비용을 모두 부담해야 하는 문제도 가지고 있다. 이러한 이유로 해서, 일각에서는 토지임대부주택은 입지여건이 좋은 대도시나 소위 강남과 같은 일부 노른자위 위치에서만 적합한 상품이라는 주장도 있다. 그렇다면, 이와 같은 단점을 해결할 수 있는 방법은 없을까? 토지임대부주택 대신 그 반대로 토지에 대한 소유권을 입주자들에게 주고, 건물을 임대하는 건물임대부 조건으로 반값 아파트를 시도해보면 어떨까 싶다.

필자는 반값 아파트의 수단으로 건물임대부주택을 제안했지만, 아마 이외에도 반값 아파트 실현을 위한 다양한 방법들이 있을 수 있을 것이다. 대한민국에 거주하는 서민들을 가장 고달프게 하고 힘들게 하는 심각한 이슈 중 대표적인 것이 주택문제이고, 특히 요즘같이 전월세 값이 치솟는 상황에서는 더더욱 그러하다는 점에서 반값 아파트! 진보진영이 멈추지 말고 치열하게 고민해 볼 것을 권유한다.

노동환경 개선

혹시 기억하실지 모르겠으나, 얼마 전 유성기업 사태가 있었다. 사건의 발단은 아래와 같다. 유성기업은 엔진에 필요한 피스톤 링을 만드는 생산업체로 현대-기아차와 한국GM등에 이를 납품하는 중소기업이다. 이 기업 공장에서 일하는 생산직 노동자들은 주야간 맞교대 형태의 근로조건 속에서 근무하고 있었다. 즉, 한 개조는 아침 8시에 출근해서 8시간을 근무하여 정규근로를 오후 5시에 마친 후 다시 저녁 7시까지 두 시간동안 잔업을 한다. 다른 한 개조는 저녁 9시에 출근해서 밤을 꼬박 새고 아침 6시까지 8시간동안 정규근로를 한 뒤 다시 아침 8시까지 두 시간의 잔업을 하는 조건이었다. 그리곤 이 두 개조가 다음주에는 근무시간을 상호 교대한다. 이를 노조에서는 잔업 없이 주간근무 시간을 8시간씩으로 나눠 한 개조는 아침 일찍 6시부터, 그 다음 한 개조는 그 이후 오후부터 정규근로를 하여 자정부터는 쉴 수 있도록 하고, 시급제로 되어있는 기존 임금체계를 월급제로 변환해 달라고 요청하였다. 언뜻 보기에는 노조의 요구에 무리가 있는 것 같지 않아 보이나, 중요한 점은 근로시간이 근무조 당 하루 두 시간씩 경감함에 따라 사측에서는 근무시간을 줄이고 월급제로 변경할 경우 생산량이 줄뿐만 아니라 가격경쟁력을 유지할 수 없다고 난색을 표하였다. 서로간의 주장이 평행선을 달리며 합의에 이르지 못하자 노조에서는 쟁의조정신청서를 접수하고 파업을 단행하였으며, 사측의 요청을 받은 국가에서는 노조의 파업자체는 불법이 아니나 공장점거는 불법에 해당한다고 판단하여 공권력을 투입하게 된다. 결국 이 사건은 공권력 투입으로 인해 파업이 불과 일주일 만에 종료되나, 노동환경 개선에 대한 새로운 인식을 불러오게 되었다는 점에서 의미가 있다.

자, 그럼 유성기업 노조가 왜 이와 같은 요구를 했는지 살펴보자. 근로기준법에 의하면 법정근로시간(주 44시간, 당사자간 합의로 12시간 한도 내에서 연장근로 가능)을 초과하지 않는 범위 내에서, 근로자의 근로시간을 주간에서 야간으로 변경하는 것 자체는 문제가 없다. 다만, 과도한 야간근로를 경감시키기 위해 야간근로에 대해서는 50 퍼센트의 가산임금을 지급할 것을 강제함으로서 무분별한 야간근로를 간접적으로 줄이려고 노력하고 있다. 정부가 고용주에게 재정적인 압박을 주면서 근로자의 야간근로를 가급적 줄이고자 하는 이유는 이것이 근로자에게 여러 가지 폐해를 안겨주기 때문이다. 따라서 주야간 근무 변경이 합법인지 불법인지를 떠나 근로자들에게 인간적인 삶을 제공한다는 차원에서 규칙적인 근무를 할 수 있도록 배려하는 것이 필요하다고 할 수 있다.

우선 주야간 교대근무는 빈번한 근로시간 변경으로 인해 생체리듬이 훼손되기 쉽다. 이로 인해 근로자들은 근무를 마치고 돌아와서도 쉽게 수면에 들지 못하고, 어렵게 잠이 들어도 깊은 잠을 자지 못하며, 2~3시간 정도 취침 후에 깨버려 충분한 휴식을 놓치는 경향이 있다고 한다. 실제 2011년

초 서울행정법원에서도 주야간 교대제 근무는 불면증 등 수면장애를 유발할 수 있고 따라서 교대근무 환경에서 발생된 불안, 공포, 가슴 답답함, 두근거림 등의 불안장애를 업무상 재해로 인정해야 한다고 판결한 바 있다.

이외에도 주야간 교대근무는 건강을 위협하는 많은 신체적 위험요소로 작용한다. 산업안전보건연구원 등 국내연구소 및 관련 해외기관의 연구발표에 의하면, 5년 이상 교대근무에 투입된 근로자는 만성적인 부적응 증후군에 노출되며, 그 결과 심장, 혈관, 그리고 위장관계질환에 시달릴 가능성이 증가하고, 뇌졸중, 부정맥 등 치명적인 질환을 초래하기도 하며, 더 나아가 주간근무만 하는 노동자에 비해 평균수명이 12년 정도 짧다는 충격적인 보고를 하고 있다. 이뿐만 아니라, 밤에 교대근무를 하게 되면 암을 억제하는 멜라토닌 분비가 잘 되지 않아, 결국 암 발생 위험을 증가시킬 수 있다는 연구결과도 나타나고 있다.

이상과 같은 다양한 병폐에도 불구하고, 문제는 현재 우리가 살고 있는 산업사회에서 교대근무를 시키지 못하도록 기업과 사업주를 마냥 '푸쉬' 만은 할 수 없다는 현실이다. 그렇다면, 근로자의 인권과 권익을 보호해야 하는 진보진영에서는 근로자의 생체시계를 위한 정답은 아니더라도 최선이 될 수 있는 방안을 강구해야할 필요가 있을 것이다. 즉, 기업의 이익과 생산성을 훼손시키지 않으면서도 근로자의 건강과 삶의 질을 지켜줄 수 있는 솔로몬의 지혜를 발휘할 수 있는 합리적인 방법은 무엇이 될 수 있을까?

지금까지 논의했던 것처럼, 일선 산업체에서는 주로 주야간 맞교대 형태의 근로환경을 강요하고 있다. 그렇다면 만약 의료기관에 근무하는 간호사들처럼 3교대 근무를 시도해 보면 어떨까? 혹은 4개조 혹은 8개조로 나누어서 근무하면 어떨까? 다시 말하면, 주야간 맞교대의 최대 단점은 매 일주일마다 돌아가며 밤을 새워 야간근무를 해야 하고, 이것이 인간의 생체리듬을 파괴하여 각종 질병과 스트레스를 야기한다는데 있다. 특히 주야간 맞교대는 일주일 간격으로 무려 12시간씩 우리의 신체 사이클을 반복적으로 변화시킬 것을 강요하는 근무형태이다. 하지만 반드시 맞교대를 해야 한다는 집착과 강박관념에서 벗어나, 근무조를 세분화시키는 것이다. 만약 4개조를 운영한다면 이번 주 출근시간보다 다음 주 출근시간은 6시간 뒤로 밀릴 것이며, 8개조를 운영한다면 출근시간이 3시간 조정됨으로써 우리 생체시계가 감당할 수 있는 수준이 아닐까 추측해본다. 물론 8개조를 운영한다면 다소 복잡하고 번거로울 수 있겠으나, 기업의 생산성과 효율성을 지켜주면서 근로자들의 건강과 삶의 질을 크게 훼손시키지 않을 수 있는 하나의 방법이 될 수 있지 않을까 조심스럽게 생각해본다. 물론 이와 같은 제안은 그저 필자의 제안일 뿐, 진보진영이 산업체, 노조, 연구기관 등과 더불어 가장 합리적이고 타당한 해법을 심도 있게 모색해 볼 것을 제안한다.

양심적 병역거부

혹시 갑자기 뜬금없이 들릴지 모르겠으나, 대한민국 수구 · 보수의 핵심정당인 새누리당(옛 한나라당)의 뿌리를 잠시 상기해 보자. 아시는 바와 같이, 한나라당은 국민들에게 인기가 떨어지자 당명을 최근 새누리당으로 교체하였다. 한나라당의 직접적인 전신은 신한국당이었으며, 이 신한국당은 1996년 2월 민주자유당이 당명을 바꿔 새로 창당한 김영삼 정권의 집권당이다. 반면, 민주자유당은 민주정의당 · 통일민주당 · 신민주공화당이 야합하여 새로 창당된 정당이었다. 간단히 말하면, 한나라당은 민주정의당 · 통일민주당 · 신민주공화당이라는 3당이 야합하여 만들어진 정당이다(보다 정확히 말하면, 그 당시 통일민주당 출신 대통령(김영삼)을 등에 업고 민주계가 민정계와 공화계를 거세하기 위한 정치적 공세를 벌이자, 공화계가 이에 반발하여 자유민주연합이라는 새로운 정당을 만들어 탈퇴함에 따라, 한나라당은 민주정의당과 통일민주당의 연합체라 볼 수 있다). 이 중 인원수에 있어서 가장 다수파인 민주정의당은 전두환 · 노태우 두 사람이 자신들의 정치적인 야망과 정권욕을 채우고자 광주에서 수많은 시민들을 총칼로 살육하면서 새로이 만든 정당이었다. 즉, 대한민국 수구 · 보수의 핵심정당인 새누리당의 다수지분은 살인과 야만을 모태로 태어난 민정당에 그 뿌리를 두고 있으니 이것이 대한민국 보수의 비극이라 아니할 수 없다.

본인들의 출신성분 때문일까? 새누리당은 북한 리스크를 강조하며 양심적인 병역거부를 허용하려는 움직임을 전혀 보이지 않고 있다. 여기서 잠시 오슬로 대학의 박노자 교수가 쓴 아래의 글(2007, '좌우는 있어도 위아래는 없다' 의 일부)을 함께 읽어보자.

> 끈질긴 노력으로 드디어 1922년에 양심적인 병역거부를 허용하고 대체복무제도를 도입하는 최초의 법안이 노르웨이 국회에서 채택됐다. 이 법안 채택의 배경에는 국내 군복무 반대운동의 성과뿐만 아니라, 제1차 세계대전의 참상에 분발한 평화주의자들의 열띤 투쟁의 결과 영국, 덴마크, 네덜란드 등지에서 통과된 대체봉사 관련 법률의 영향도 있었다. 사실 대체봉사 제도를 가장 늦게 법적으로 인정한 프랑스(1963), 벨기에(1964), 스위스(1996)만 제외하고는, 양심에 따른 병역거부권은 이미 1920~1930년대에 유럽 대부분의 민주법치 국가에서 보편화됐다. 사실 그때부터 병역거부권의 존재여부는 민주법치 수준의 주요 기준으로 인식되기 시작됐다. 인권에 문제가 많았던 동독마저도 1964년부터 병역거부권을 인정하기 시작했다.

위에 살펴본 바와 같이, 프랑스, 벨기에, 스위스 등 몇몇 국가를 제외하고 유럽에서는 이미 1920~1930년대에 양심적 병역거부를 인정했으며, 대다수 유럽국가에서 '민주주의' 와 '병역거부권 허용' 을 동의어로 받아들였다. 대한민국은 어떠한가? 새누리당에서 제기하는 바와 같이 분단과 북한과의 대치상황을 이유로 아직 양심적 병역거부에 의한 대체봉사가 제도화되지 않았으나, 이제는 진보진영을 중심으로 이 제도가 필요하다는 문제의식을 가질 때가 되었다고 본다.

혹자들은 양심적 병역거부를 허용하는 길을 법제화하면 너나 할 것 없이 이를 악용하려 할 수 있다고 우려할지 모르겠다. 하지만 과연 그럴까? 사실 우리나라는 이미 1970년대부터 공익근무요원, 산업기능요원, 의무소방, 경비교도, 상근예비역, 전문연구요원, 공중보건의, 국제협력의, 공익법무관, 징병전담의 등 사회 각 분야에서 일정기간 전투 병력이 아닌 다른 방법으로 군 복무를 대신하는 형태의 대체복무를 시행하고 있다. 다만, 필자는 이를 종교적 신앙이나 정치적 신념으로 인해 징집을 거부하는 이들에게까지 확대시키자는 의미이며, 법 제정이후 상기 대체복무 형태를 원하는 인력이 폭증하지 않았다는 근거를 들어 시행 전부터 과민하게 걱정하지는 않아도 될 듯하다. 또한 다른 국가의 전례에서 보듯이 양심적 병역거부에 의한 대체복무는 대개 정상적인 병역기간의 2배 이상을 요구한다는 점에서 거부 의사자들의 수가 국방에 부담을 줄 정도는 되지 않을 것으로 판단한다. 더욱이 우리와 마찬가지로 이질적인 체제와 대치관계에 있고 징집제를 채택하고 있는 대만에서도 양심적 병역거부를 보장하고 있다는 점도 눈여겨 볼 필요가 있다.

만약 우리가 양심적 병역거부에 의한 대체복무를 허용한다면 그 쓰임새도 요긴하고 다양할 수 있다. 얼마 전 이 책에서 아이들의 인권보호 차원에서 등하교 문제를 다루면서 부모님 모두가 전일제 근무를 하고 있는 아이의 경우 국가재정으로 귀가도우미를 고용하자는 제안을 한 일이 있는데 거부 의사자들을 이 도우미로 활용할 수도 있을 것이다. 또는 요즘 중 · 고등학교의 학교폭력이 심각하게 인식되고 있으며, 따라서 학교폭력을 방지하기 위한 보안관으로 근무토록 할 수도 있을 것이다. 이 외에도 대한민국은 해외원조에 야박하다는 평판을 듣고 있는 점을 고려하여 이들을 해외 봉사

인력으로 파견함으로써 우리의 대외 이미지도 개선하고 그들의 신념도 실천할 수 있는 길을 열어줄 수도 있을 것이다. 아무튼 조금만 생각해봐도 다양한 활용방법이 있는 바, 양심적 병역거부를 전향적으로 고려하여 이 기회에 진정한 인권입국이 되는 것은 어떨까 싶다.

에필로그

필자에게는 겨우 만3살 된 어린 딸이 하나 있다. 나이 마흔이 되어 겨우 하나 얻은 딸 아이 이기에 얼마나 예쁘고 귀여운지 모르겠다. 집사람은 제 말에 동의할지 모르겠으나, 제 딴에는 가급적 피곤하지 않으면 딸아이와 많은 시간을 놀아주려고 노력하는 편이다. 같은 이유로 아침에 학교로 출근하기 전 딸아이가 싫어하지 않으면 자주 책을 읽어주곤 하는데, 하루는 이런 내용의 책을 읽었다.

다람쥐와 토끼가 산에서 밤을 함께 줍고, 공평하게 반반씩 나눠가졌다. 모두 기쁜 마음으로 헤어져 각자의 집으로 돌아가다가, 다람쥐는 토끼에게 '내일 다시 만나서 밤을 다시 줍자' 는 얘기를 한다는걸 깜박 잊어버렸다는 사실을 기억하게 되었다. 잊어버린 말을 전달하기 위해 토끼의 집을 다시 찾아간 다람쥐는 토끼의 형제들이 많은 것을 보고 깜짝 놀라고 만다. 그리곤 자신의 가족은 아빠, 엄마, 본인까지 세 식구인 반면 토끼의 가족은 훨씬 더 많은데도 밤을 똑같이 나누는 것은 어쩌면 토끼에게 불공평하다는 생각을 하게 된다. 그 곳에 생각이 미치자 주머니에 있던 밤을 꺼내 토끼의 집 앞에 놓고는 문을 노크하고 돌아간다. 밖으로 나온 토끼는 '사이좋게 똑같이 똑같이' 라고 적은 다람쥐의 메모를 보며, 빙그레 웃는다.

우리는 세 살짜리 어린 아이에게 진정 '공평한 것' 이 무엇인지 제대로 가르치려고 하면서도 실상 어른인 우리는 이를 똑바로 실천하지 못하는 듯하다. 실천은 고사하고 남을 밟고 올라가야 내가 성공한다는 강박관념에 사로잡혀 내건 주지 않으면서 어려운 이웃이 가진 작은 것조차 뺏고 싶어하는 이기적인 마음을 갖고 있지나 않은지 염려스럽다. 이런 관점에서, 필자는 아름다운 대한민국이 되기 위해 필요한 기본을 이 책에 담고자 노력하였다.

가장 기본적인 것들을 적고자 하였음에도 생각보다 많은 시간이 걸렸다. 처음 시작할 때는 한 달이면 족히 마무리 지을 수 있을 것으로 생각하고 가벼운 마음으로 시작했으나, 여름방학에 시작해서 2학기 중반에 마쳤으니 족히 넉 달은 걸린 셈이다. 다양한 이유가 이에 공헌을 했으리라 생각된다. 무엇보다 먼저 필자의 짧은 지식이 이유일 수 있다. 솔직히 아는 지식이 많지 않다보니 문장 하나 하나를 적는데 더 많은 고심을 하였던 듯하다. 바쁜 일상과 일과도 일조 한 것 같다. 내 나이 사십이 넘었으나 아직 학계에서는 젊은 교수 축에 들다보니 핑계를 대자면, 대학본부에서 요구하는 논문도 적어야겠고, 학과 내 행정업무도 해야 했으며, 학기 중에는 강의준비도 해야 했기에 아무래도 시간을 쪼개어 사용할 수밖에 없었다. 그래서 해외저널 쪽에서 논문수정을 요구하면 책을 적다가 잠시 접고 논문에 집중해야 했고, 또 학생들 시선도 의식해야 했기에 책을 적다가 강의가 있으면 강의부터 준비해야 했다. 하긴, 논문 적고 강의하는 게 교수 본연의 당연한 의무이니 사회에 관심을 갖는 자체가 문제였을 수 있겠다.

이렇듯 오랜 시간이 걸려 책을 완성하다보니, 그간 많은 일도 있었다. 이 책을 준비하고 한참 지나서 서울시 무상급식 주민투표가 있었고, 이 책을 모두 적었다고 생각하여 컴퓨터를 닫으려고 하자 이미 새로운 서울시장을 뽑는 보궐선거가 끝나 있었다. 모쪼록 내가 적은 이 책이 새로이 선출된 서울시장을 비롯하여 시민사회, 진보정책을 입안하는 산하연구소, 범 야권정당 등 진보개혁 진영에 다만 아주 조금이라도 보탬이 되었으면 하며, 더불어 국민들이 진보개혁 정당을 이해하는데도 도움이 될 수 있다면 더 바랄 것이 없겠다.

한편 글을 마치려고 하니 책의 퀄리티도 무척 염려스럽긴 하다. 비록 여러 가지 점에서 부족하고 형편없는 점이 있을 수 있겠으나, 부디 아름다운 대한민국이 건설되었으면 하고 바랐던 필자의 소박한 마음을 넓은 아량으로 먼저 봐주셨으면 좋겠다.

2011년 10월

전형적인 가을날의 어느 한 가운데에서.

저자 프로필

저자는 한양대에서 영문학을 공부했고, 영국 리즈대학에서 경영학 석사를 이수한 후, 브래드포드대학에서 국제경영학으로 박사학위를 취득했다. 해외로 박사과정을 공부하기 위해 출국하기 전 하나은행에서 근무하였으며, 학위과정을 마친 직후 부산에 소재한 경성대학교에서 2년간 교수로 재직하였다. 그 뒤 한국외국어대학교로 자리를 옮겨 현재 경영학부에서 교수로 근무하고 있다. 다수의 논문이 Journal of World Business 등 해외저명저널에 게재된 바 있다.

박 병일

아름다운
대한민국의 건설

2012년 2월 20일 | 초판 발행

저 자 | 박병일
발 행 인 | 김은중
발 행 처 | 서울경제경영출판사
북디자인 | (주)우일미디어디지텍

주 소 | 120-808 서울특별시 서대문구 대현동 67-5 대현빌딩 6층
전 화 | 02)313-2682
팩 스 | 02)313-8860

등 록 | 1998년 1월 22일 제5-63호

ISBN 978-89-88106-91-4 03300 정가 10,000원